# 나의
# 첫 커리어
# 브랜딩

# 나의 첫 커리어 브랜딩

**초판 1쇄 인쇄** 2023년 11월 10일
**초판 2쇄 발행** 2024년 6월 4일

**지은이** 백종화·강정욱

**기획** 이유림
**편집** 김정웅
**마케팅 총괄** 임동건
**마케팅** 안보라
**경영지원** 임정혁·이순미

**펴낸이** 최익성
**펴낸곳** 플랜비디자인

**표지 디자인** 스튜디오 사지
**내지 디자인** 박은진

**출판등록** 제2016-000001호
**주소** 경기도 화성시 동탄첨단산업1로 27 동탄IX타워 A동 3210호

**전화** 031-8050-0508
**팩스** 02-2179-8994
**이메일** planbdesigncompany@gmail.com

**ISBN** 979-11-6832-075-8 (03320)

# 나의 첫 커리어 브랜딩

백종화 · 강정욱

plan b
DESIGN

# 머리말
*feat.* 백종화

'처음 회사를 다닐 때의 나는 어땠을까?' 이 질문을 던지며 글을 쓰기 시작했습니다. 돌아보면 저는 대학교 친구들이 지원서를 쓰기에 따라서 썼고, 동기들은 다 떨어진 회사에 혼자 합격을 했었더라고요. 그렇게 시작된 사회생활에서 목적 없이, 기준 없이 하루하루 출근했었습니다. 첫 직장인 이랜드는 직장인으로서 성과를 내는 데 필요한 다양한 습관과 Growth mindset 그리고 일하는 목적에 대해 생각하고 행동할 수 있도록 가르쳐 주었습니다.

우연히 입사한 첫 직장에서 배운 것들이 10년, 20년 후의 제 인생에 어떤 큰 영향을 줄지는 몰랐었습니다. 16년, 17년이 훌쩍 지나서야 깨닫게 되었고, 지금은 나름 성장한 것 같습니다. 제가 배우고 듣고 만난 사람들의 이야기들로 지금 읽고 계시는 책을 포

**4**

함하여 5권의 책을 출간하게 되었고, (『요즘 팀장은 이렇게 일합니다』, 『원온원』, 『일하는 사람을 위한 MBTI』, 『요즘 리더를 위한 인사이트』) 제가 속한 비즈니스 영역에서 '백종화'라는 이름을 브랜딩할 수 있었습니다.

이 책 또한 비슷한 관점에서 쓰게 되었습니다. 처음 비즈니스를 시작하는 직장인, 대기업과 스타트업 또는 1인 기업가로서 첫발을 내딛는 비즈니스인들에게 내가 배운 성장 습관을 공유하자는 목적에서 말입니다. 그러다 문득 문화와 가치관이 다른 다양한 사람들에게 어떻게 한 권의 책으로 다양한 관점을 공유할 수 있을까 하는 고민을 시작하게 되었고, 나와 비슷한 가치관을 가지고 있지만 다른 환경에서 성장해 온 사람과 함께 글을 쓰면 어떨까 하는 생각에 이르게 되었습니다. 그렇게 정욱 님과 함께 공동 저자로 이 책을 쓰게 되었습니다. 이 책에는 다양한 관점들이 들어있습니다. 여러분에게 필요한 것도 있지만, 어쩌면 회사와 맞지 않는 관점이 될 수도 있고, 회사와 동료들이 보여주는 모습과는 반대의 모습을 읽게 되실 수도 있을 겁니다. 상관없습니다. 그저 편하게 읽고, 나에게 적용할 한 가지만 찾으시면 됩니다.

이 책을 읽으면서 꼭 기억해 주셨으면 하는 것이 있습니다. 그것은 "이 책의 내용을 모두 믿지 마세요."입니다. 책의 내용이 모두 정답은 아니기 때문입니다. 회사마다 문화가 다르고, 인재상이 다릅니다. 일하는 방식도 그만큼 다르죠. 그리고 이 책을 읽고 있는 여러분이 중요하게 여기는 가치관도 다를 겁니다. 그런 상황에서 한 권의 책으로 브랜딩에 대한 정답을 이야기하는 것은 불가능합니다. 하지만 이 책을 통해 다양한 관점을 얻으실 수는 있습니다. 내가 생각하지 못했던 관점, 일을 대하는 태도와 내가 가져야 할 태도, 우리 회사에서 중요하게 여기는 인재의 모습 그리고 내가 성장하고 성공하기 위해 필요한 나만의 성과 습관에 대해서 말이죠.

저는 이 책을 통해 여러분들이 '자신에게 필요한 관점을 찾고, 비즈니스를 시작한 지 얼마 되지 않은 지금 시점부터 나만의 성장 습관과 나만의 브랜딩'을 만들어 볼 수 있었으면 좋겠습니다. 그리고 '현재가 아닌, 미래 나의 모습을 떠올리며 그 목표를 향해서 한 발씩 나아가는 모습'을 그려보길 원합니다. 꼰대와 라떼가 아닌, 이미 그 길을 걸었고, 수많은 사람들이 그 길을 걸어가고 있는 모습을 코칭하며 응원하고 있는 '백 코치'의 생각을 통해서 말입니다.

# *머리말*

## *feat. 강정욱*

커리어는 제게 늘 어려운 숙제였습니다. 공학을 전공했지만 엔지니어를 하지 않기로 결정했고, 그제야 뒤늦게 일과 삶에 필요한 기술들을 익히기 시작했으니까요. 그렇게 세일즈 매니저, 교육 프로그램 개발, 1인 기업가 등 커리어 초기에 갖가지 경험들을 쌓게 되었습니다. 그중에서도 특이한 경험은 1인 기업가 활동인데요. "회사가 전쟁터면 밖은 지옥이다. 밀어낼 때까지 버텨라." 『미생』에서 오 과장이 한, 뼈 때리는 조언을 그땐 미처 알지 못했죠. 짧다면 짧고, 길다면 긴 3년의 경험이었지만 많은 경험치를 쌓을 수 있었습니다. 한쪽 문이 닫히면 다른 문이 열린다는 사실도, 사람들 간의 관계와 신뢰가 얼마나 중요한지도, 그리고 스스로의 길을 개척한다는 것이 얼마나 즐겁고 두려운 경험인지도 이해하게 되었죠. 분명한 것은, 그때부터 저는 스스로에 대한 정체성을 '직장인'이 아니라 '직업인'으로 여기기 시작했다는 사실입니다. **어쩌면 생존을 위해, 첫 번째 커리어 브랜딩을 하게 된 셈이죠.**

1인 기업가를 마치고, 저는 다시 커리어를 전환했습니다. 조직 내에서 변화를 만들어 보고 싶다는 바람으로 뒤늦게 스타트업에 입사했고, 스스로에게 이런 질문을 던졌습니다. **"지금 내가 하는 업무를 돈을 받고 판다면, 나는 회사로부터 얼마를 받을 수 있을까?"** 하나의 업무를 할 때 그저 주어진 일이나 의무라고 여기기보다는, 제가 판매하는 상품 혹은 서비스로 관점을 전환해 본 것입니다. 첫 번째 커리어가 세일즈 매니저였던 것도 이러한 마음가짐에 영향을 미치지 않았나 싶습니다. 관점을 바꾸니, 똑같은 직장생활에서도 새로운 기회와 가능성들이 보이기 시작했습니다. 이후 광고 분야 스타트업에서 5년 동안 EX<sub>Employee eXperience</sub>팀 팀장으로서 HR을 총괄하며 조직 문화와 리더십 경험을 쌓았고, 현재는 푸드 테크 분야에서 C&G<sub>Culture & Growth</sub>팀 팀장으로 일하며 HR을 비롯한 경영 관리 전반을 총괄하고 있습니다.

지금까지 다양한 조직에서 경험을 쌓고, 다른 직장인 및 1인 기업가들과 대화를 하고, 또 HR팀 리더로서 일하는 과정에서 커리어를 비롯하여 일에 대한 관점을 정리할 수 있었는데요. 처음 커리어를 시작하는 사람들을 위한 책을 써보자는 백종화 님의 제안을 받고, 함께 글을 쓰게 되었습니다. 저는 과거에 1인 기업가 경험이 있으면서 현재는 직장인으로 일하고 있고, 종화 님은 주로 대기업을 비롯한 직장인으로 경력을 쌓아오셨으면서 현재는 1인 기업가로 활동하고 있다는 점이 제겐 흥미로운 공통점이자 차이점으로 느껴졌습니다. 그 커리어의 '교차점'에서 종화 님과 제가 가진 관점이 부딪치고, 또 새로운 가능성이 발견될 수 있다면 누군가에겐 도움이 될 수 있지 않을까 생각했습니다. 앞서 종화 님이 강조한 것처럼, 정답은 당연히 없습니다. 저 역시 지금까지의 경험에서 배운 것들을 정리하는 것에 의의를 두었으며, 여러분도 그러한 경험이 되시길 바랍니다. 이 책을 읽는 모든 분들이 잠시나마 스스로를 돌아보고, 더 나은 사람이 되는 것에 기여할 수 있다면 공동 저자로서 더없이 만족할 것 같습니다. 성장으로 가득 채워나갈, 여러분의 첫 번째 커리어 여정을 응원합니다.

# 차례

# 서론

# 우리는 리더이자, CEO입니다

## 상사가 신입사원과 주니어에게 기대하는 것

신입사원도 리더라고 말하는 사람을 보신 적이 있으신가요? 요즘에는 많은 리더들이 이렇게 말을 하곤 합니다. 그만큼 시대가 바뀐 것이죠. 5년 아니 10년 전만 해도 신입사원에게 기대하는 역할은 간단했습니다. '팀장이나 선배가 시킨 일을 제대로 하는 것' 신입사원은 시키는 것만 잘하면 되는 존재였고, 팀장과 선배님들이 시키는 일의 대부분은 서류 정리, 데이터 관리, 보고서 요약 등이었습니다. 한 술 더 떠 입사한 지 몇 년이 지난 주니어들을 여전히 신입사원으로만 여기는 회사, 상사들이 아직도 많이 존재합니다. 그렇게 해도 회사가 잘 돌아간다고 하면 별문제는 없겠죠.

그런데 시대가 바뀌기 시작했습니다. 이제 신입사원에게 경력을 요구하기 시작하는 시대가 되었죠. 수많은 인턴 경력과 함께 몇 가지 자격증, Tool 사용법과 함께 어떤 프로젝트를 경험해 봤는지, 어떤 지식을 가지고 있는지를 신입사원에게 물어보는 시대입니다.

자 그럼 어떻게 신입사원과 주니어를 리더라고 부를 수 있게 되었을까요? 가장 큰 이유는 리더의 정의가 많이 달라졌기 때문입니다. 과거에는 선장과 같이 특정한 조직을 이끄는 장을 리더라고 불렀습니다. 요즘에는 소프트 파워(사람을 감동시키거나 소통을 통해 스스로 움직이게 하는 힘)를 중요하게 여기면서 '타인에게 영향을 끼치는 사람'을 리더라고 부르기 시작했습니다. 그리고 그런 리더가 영향을 끼치는 행동을 리더십이라고 부르기 시작했죠. 간단하게 재정의를 한다면 리더는 '주변 동료에게 영향을 끼치는 사람'이 되었고, 리더십은 '영향을 끼치는 사람들의 행동'이 되었습니다. 그리고 어느 날부터 신입사원뿐만이 아니라 회사의 모든 구성원들이 서로의 말과 행동에 영향을 받으며 생활하게 되었고, 조직의 모든 구성원들을 리더라고 부를 수밖에 없게 되었습니다. 그래서 조직에는 두 부류의 리더가 존재하게 되었죠. 팀장, 본부장, 임원, CEO처럼 '장'이라는 직책을 가진 '직책 리더'와 그 외 모든 구성원을 일컫는 '일반 리더'로 말이죠. 햇병아리 직원들이 리더가 된 배경은 바로 리더와 리더십에 대한 재정의가 이루어졌기 때문입니다.


## 가장 똑똑한 세대의 등장

또 하나의 이유가 있는데, 그것은 '근래 입사하는 사원들이 똑똑해졌기 때문'입니다. 저는 79년생, 98학번입니다. (저자 백종화 코치) 제가 배운 지식과 경험의 대부분은 학교와 회사의 선배들로부터였습니다. 하지만 요즘 시대의 신입사원들은 회사에 들어오기 전에 이미 수많은 지식을 학습하고 들어오게 됩니다. 그들은 어디에서 지식을 배울 수 있었을까요? 학교에서 배우는 지식은 큰 차이가 없지만 달라진 것은 바로 '유튜브'를 비롯한 모바일과 온라인상에 지식 은행들이 있다는 것입니다.

우리나라에서 가장 큰 H기업의 임원들과 2주에 한 번씩 그룹 코칭 세션을 할 때였습니다. 한번은 쉬는 시간에 부사장님 한 분이 이어폰을 끼고 핸드폰을 보고 계시기에 "부사장님 뭐 하세요?"라는 질문을 던졌었죠. 그때 부사장님은 핸드폰을 보여주시며 "유튜브로 공부하고 있어요."라며 "코치님, 유튜브에 다 있어요. 운전할 때나 조금이라도 여유가 있을 때는 유튜브를 검색해서 몰랐던 지식을 배웁니다."라고 하셨습니다. 우리나라뿐만이 아니라 전 세계적으로 큰 기업의 주요 임원이 평소 수많은 학습을 유튜브를 비롯한 모바일로 하고 있다고 하시더라고요.

또 하나의 경험이 있습니다. 〈위대한 수업Great Minds〉이라는 EBS 프로그램이 있습니다. 세계에서 가장 유명한 구루들의 리더십 강의를 무료로 들을 수 있는 프로그램이죠. 코로나 전까지 리더십 구루의 강의를 듣기 위해서는 그의 강연을 수강하거나, 그의 책을 읽고 제자가 되는 수밖에는 없었습니다. 하지만 한 프로그램에서 전 세계에서 가장 뛰어난 강사들을 초빙해서 무료로 강의를 해주고 있죠. 만약 30대의 젊은 리더십 강사가 EBS를 보며 공부를 하고 있다고 생각해 보겠습니다. 그리고 40~50대의 경험이 많은 리더십 강사와 함께 강연할 기회가 있는데, 둘 중 한 명을 선택해야 합니다. 그럼 누가 더 탁월한 강사라고 판단할 수 있을까요? 이제는 이런 질문이 의미 없는 시대가 되고 있습니다.

10년 전이었다면 경험이 많은 40~50대 강사가 더 탁월하다고 했을 겁니다. 하지만 지금은 30대의 젊은 리더십 강사도 자신만의 지식을 갖출 수 있게 되었고, 그 지식으로 남들과는 다르게 성과를 낼 수 있는 시대가 되었죠. 우리는 모바일과 온라인상에 돌아다니는 지식을 가장 빨리 찾고, 학습하는 데 시간을 사용하는 사람이 지식인이 되는 시대를 살고 있습니다. 그리고 그런 IT 도구들을 가장 잘 다루는 요즘 세대가 제 세대와는 다르게 더 똑똑한 세대라는 것을 인정할 수밖에 없는 시대이기도 하죠.

## 우리는 리더처럼 행동해야 합니다

리더와 팔로워의 가장 큰 차이는 '주도권을 가지고 있는가?'입니다. 팔로워는 시키는 일만 잘하면 A 평가를 받을 수 있지만, 리더는 스스로 문제를 찾고, 대안을 고민해서 실행해야 하는 사람이죠. 이 과정에서 더 어렵거나 새로운 목표를 설정할 수 있어야 하고, 끊임없이 학습하며 새로운 방식으로 일할 수 있는 지식과 경험을 습득하는 사람입니다. 그리고 주변 동료들에게 긍정적 영향을 끼치며 그들의 성장과 성공을 돕는 행동을 반복할 수 있어야 하죠.

이 책에서 추구하는 '신입사원 및 주니어'의 정의는 시키는 일만 하는 사람이 아니라 스스로 생각하고, 주도적으로 문제를 해결하면서 성장을 꾀하는 리더의 모습을 갖춘 사원입니다. 오해하지 말아야 할 부분은 내 욕심이나 내 생각대로만 하는 것이 아닌, 내가 속한 팀에 기여하고 내 주변 동료들에게 긍정적 영향을 주는 사람이 되는 것입니다. 지금 한 사람 몫을 하는 것이 아니라 3년, 5년, 10년 후 열 사람, 백 사람 몫을 하는 사람이 되기 위해 '성장하는 습관'을 찾고 만드는 사람들이죠. 여러분은 어떤 꿈을 꾸고 계신가요? 퇴근 후나 주말에 친구들과 즐거운 시간을 보내는 것을 중요하게 여기시나요? 그렇다면 이 책은 여러분들에게 도움이 되지 않을 뜬구름 잡는 책이 될 것입니다. 하지만 3년, 5년 그리고 10년 후 조금 더 가치 있는 비즈니스인으로 성장하고 싶은 꿈이 있다면 이 책은 여러분들의 첫걸음을 좋은 습관과 가치관으로 다져가는 데 도움을 드릴 수 있을 겁니다. 그렇게 성장했고, 지금도 성장하고 있는 두 명의 저자가 지금까지의 비즈니스 삶을 통해 얻은 경험을 공유하는 책이기 때문입니다.

## 누구를 위해 일을 하나요? Think Big

여러분은 왜 일을 하고 있나요? 아니 다르게 질문을 한번 해 보겠습니다. 일은 회사를 위한 것일까요? 나를 위한 것일까요? 한 대기업의 임원은 12월 말이 되면 자신의 팀원들에게 "1년 동안 수고했습니다. 여러분들의 올해 성과를 이력서에 기록하세요. 그리고 저와 원온원 미팅을 진행하겠습니다."라는 메일을 보냅니다. 1년 동안 열심히 달려온 팀원들에게 '일은 회사를 위해서 하는 것이 아닌, 자신의 커리어를 위해서 하는 것이다.'라는 메시지를 전하는 것이죠. 어떤 직장인은 어려운 일, 안 해 본 일에 도전하는 것을 좋아합니다. 반대로 어떤 직장인은 기존에 하던 일을 계속하려고 하고 자신의 직무도 바꾸지 않으려고 하죠. 내가 어떤 일을 할 것인지를 선택하는 것은 개인의 몫이 될 수도 있습니다. 하지만, 이 과업들이 모여 3년, 5년 후의 내가 된다는 것을 알 수 있다면, 지금 내가 어떤 일을 해야 하는지를 찾을 수 있을지도 모릅니다.

　10이라는 목표를 가지고 있다면 우리는 10이라는 목표를 달성하기 위해 고민하고, 내 시간을 사용하게 됩니다. 하지만 100, 1000이라는 목표를 가지게 된다면 10이라는 목표를 달성하기 위한 노력과는 다른 노력을 하게 되겠죠. 새로운 방식을 배우기 위해 공부할 시간을 내야 하고, 나와는 다른 경험을 가진 사람들이나 나보다 뛰어난 지식을 가진 사람들을 찾아가 묻고 배워야 할 수도 있습니다. 책이나 유튜브를 통해 새로운 지식과 경험을 학습하려고 시간과 돈, 그리고 노력을 투자할 수도 있겠죠. 그 노력들이 모여 여러분들의 3년, 5년 그리고 10년 후 다른 모습을 보여주게 될 것입니다. 저는 여러분들에게 안주하지 말고, 기존에 하던 일을 반복하지 말고 새로운 일, 어려운 일, 큰일에 도전해 보라고 말하고 싶습니다. Think Big, 이 생각이 여러분들의 행동, 시간

그리고 에너지의 사용처를 정해주게 되거든요. 이 책을 통해 이 전과는 다른 큰 꿈을 정리하는 시간이 되시길 응원합니다.

# 1장

## 인생의
## CEO가 되는 법,
## 커리어 브랜딩

# 1

## 나는 남들과
## 무엇이 다른가

### 가치보다 중요한, 희소성의 원칙

세상에서 가장 가치 있는 것은 무엇일까요? 그중 하나가 '물'입니다. 어떤 생명도 물 없이 존재할 수 없죠. 하지만 그토록 뛰어난 가치를 가진 물은 왜 500ml에 1,000원일까요? 오랜만에 경제학 시간으로 돌아가자면, 비교적 흔하기 때문입니다. 물론 장소에 따라서 가격은 180도 달라지기도 하죠. 물 하나 구할 수 없는 사막이라면, 가격은 몇십, 몇백 배까지 치솟기도 합니다. 본질적 가치도 중요하지만, 수요와 공급이 더 중요하게 느껴지기도 하죠.

앞선 비유를 이직의 관점으로 보면 어떨까요? 많은 후보자가 '가치 제공'의 입장에서 접근합니다. "내가 얼마나 중요한 일을 하고 있는데!"라고 말하는 것이죠. 열심히 일한 만큼, 회사에서 알아주고 보상해주기를 바랍니다. 하지만 회사 입장에서의 쟁점은 무엇일까요? 실은 아주 단순합니다. 직원을 채용하거나, 혹은 그 직원을 대체하기 위해서 '시장에 얼마나 많은 비용을 들여야 하는가?'라는 질문에 답하는 것입니다. 예를 들어, 연봉 4,000만 원의 개발자가 있고, 그 수준의 인력을 다시 채용하려면 6,000만 원이 필요하다고 가정해 봅시다. 개발자가 이직 의사를 밝혔을 때 어떻게 해야 할까요? 말리지 않을 도리가 없습니다. 혹은 아주 파격적으로 5,000만 원까지 올려주더라도, 회사 입장에서는 소위 더 남는 장사를 하는 것입니다. 별도의 채용 비용을 빼고서라도 말이죠. **냉정하게 생각해보면, 나와 회사와의 관계에 누군가가 더 포함되었습니다. 바로 '남'입니다.**

## 개발자 열풍과 연봉의 상관관계

변호사가 흔해졌다고 합니다. 2023년 기준으로 국내 변호사는

2만 8천여 명입니다. 2050년이 되면 7만 명에 달할 것으로 예측됩니다. 얼마나 힘들게 공부를 했는지, 어느 정도로 전문적이고 똑똑한지는 두 번째 문제입니다. 희소성이 사라지는 순간 그 직업이 속한 시장은 레드오션이 됩니다. 어느 기사에서 변호사 5명 중 1명은 한 달에 200만 원을 못 번다는 소식을 접하고 놀라지 않을 수가 없었습니다.

코로나19로 사회에 많은 변화가 있었는데 그중 하나가 개발자 채용 열풍이었습니다. 저는 특히 스타트업에서 개발자를 채용하는 일을 총괄하고 있었기 때문에 더욱 체감할 수 있었습니다. 하루가 다르게 연봉이 오르는 것을 보고, HR 담당자들 사이에선 개발자 연봉은 '시가'라는 자조 섞인 농담도 많이 나누었습니다. 하지만 2022년 하반기부터 글로벌 경기 침체에 접어들면서 그러한 채용 열풍은 다시 사그라들었습니다. 개발자 채용 시장도 열기가 식고, 신입사원 초봉이 다시 내려가는 회사도 많았습니다. 혹자는 어떻게 초봉이 내려갈 수 있냐고 물을 수 있지만, '수요와 공급'의 관점으로 바라보면 자연스러운 결과입니다.

그렇기에, 우리는 3가지 요소를 모두 바라봐야 합니다. '일자리'라는 맥락에서 가치와 가격을 판단하는 것은 '나', '회사' 그리고 '남'입니다. 이것은 마치 게임이론과 같으며, 독립적으로 존재하는 선택은 없습니다. 나 혼자 주체적으로 선택하고 싶어도, 타인의 선택에 영향을 받기 마련입니다. 다시 말해, 내가 아무리 열심히 일하더라도, 그 일을 더 적은 연봉에 해낼 수 있는 사람 혹은 기계, 혹은 인공지능AI, Artificial Intelligence이 있다면 내 연봉은 거기서 결정됩니다. 이것은 물론 자본주의의 안타까운 일면이기도 하지만, 지금의 세상은 그렇게 움직이고 있습니다. 새우깡의 가격은 새우깡과 동일한 가치를 주는 다른 과자의 가격에 의해 결정되기 마련입니다.

## 우리의 경쟁 상대는 누구일까

많은 기업들은 이미 발 빠르게 움직이고 있습니다. 햄버거 프랜차이즈에서 점원들이 사라지고 은행 점포 수도 해가 갈수록 줄어들고 있습니다. 은행에서 대규모 파업이 일어나더라도, 고객 입장에서 불편함은 거의 없어진 상황입니다. 젊은 고객일수록 더 이상 오프라인 지점을 찾지 않기 때문입니다.

2022년부터 본격화된 Chat GPT 열풍은 이러한 시대 변화를 가속화하고 있고, 거의 모든 영역에서 앞으로 어떤 일자리가 살아남을지 논의되고 있습니다. 한 가지 확실한 것은 변화에 적응하지 않으면 안 된다는 사실입니다. 제가 몸담고 있는 인적자원 Human Resources 분야도 마찬가지입니다. AI를 통해 인터뷰를 진행하는 사례나, 각종 운영 업무가 자동화 및 외주화로 대체되는 경우가 하루가 다르게 늘어나고 있습니다. 가장 대체되기 어려울 것 같던, '사람'을 다루는 HR 직무도 이런데 다른 영역은 어떠할까요? **"나는 남과 무엇이 다른가?"라는 질문은 앞으로 "나는 다른 기계나 AI와 무엇이 다른가?"로 바뀌어야 할 수도 있습니다.**

세상의 변화를 예측하는 것은 어렵습니다. 하지만 아무리 세상이 변화하더라도, 한 가지 변화하지 않는 것은 '희소성의 원리'입니다. 다시 말해, 여러분과 같은 신입사원뿐만 아니라 현재를 살아가는 모든 사람은 '나 스스로의 고유함'에 대해서 끊임없이 고민하고 직면해야 한다는 사실입니다. 나는 지금 이렇게 힘들게 일하는데 아무도 알아주지 않는다고 말하는 것은, 충분히 공감함에도 불구하고, 근본적인 삶의 변화를 이끌어내기 어렵습니다.

## 3C 분석, 자기 객관화의 시작

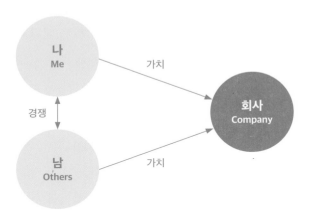

위의 관계도는 Kenichi Ohmae의 '3C 분석'입니다. 간단한 도식이지만, 한 번쯤 새겨볼 만합니다. 결국 우리 모두는 고객에게 비슷한 가치를 더욱 저렴하게 제공하려는 경쟁을 하고 있습니다. **우리가 바라봐야 하는 건 '고객'과 '경쟁사' 양쪽입니다. 특히, 혁신은 늘 외부에서 온다는 사실을 잊으면 안 됩니다.** 한때 세상을 장악했던 디지털카메라, 내비게이션, MP3 플레이어, 전자사전은 모두 고객에게 최고의 가치를 제공하고자 애를 썼지만, 스마트폰이라는 하나의 경쟁자로 인해 모두 처참하게 물러나고 말았죠.

다들 이미 경험하셨지만, 취업도 마찬가지입니다. 구직 시점에선 회사가 바로 고객입니다. 여러분은 스스로에게 질문했을 겁니다. '나는 회사에 어떤 가치를 줄 수 있을까?', '그 가치를 줄 수 있는 경쟁자들은 얼마만큼의 비용이 들까?' 이러한 질문을 던지며 자신을 객관적으로 보는 과정은 어렵고 힘들지만, 의미 있습니다. 참고로, 뇌과학자 정재승 작가는 인간으로서, 가장 높은 수준의 사고가 자기 객관화라고 말합니다.

> "가장 중요한 건 자기 객관화다. 인간이 성취할 수 있는 가장 위대하고 고등한 사고의 방식이다. 자신의 관점이 아니라 상대방의 관점이 어떨지를 생각하고 상대에게 공감한다. 나아가서는 자신과 상대 모두를 객관적으로 바라보는 일종의 전지적 작가 시점을 갖추는 게 필요하다. 자기 객관화를 할 수 있는 사람과 연애를 하면 연애하고 싸우더라도 개선의 여지가 있다."

자기 객관화는 이처럼 어렵습니다. 하지만 좋은 소식도 있습니다. 어려운 만큼 드물다는 것입니다. 자신의 강점과 약점, 제공할 수 있는 가치와 경쟁 관계를 모두 객관적으로 보려는 사람은 생각보다 드뭅니다. 그리고 회사는 그런 사람을 원합니다. 자신의 무엇이 특별한지 어필할 수 있으면서, 자신이 무엇이 평범한지도 인정할 수 있는 사람을 말이죠. 그리고 그런 사람은 빠르게 성장할 수 있습니다. 그러니 회사 입장에서 나를 바라보고, 경쟁자의 입장에서 나를 한 번 더 바라보시기 바랍니다. 냉정한 자기 인식과 건강한 경쟁심 모두 여러분의 성장에 도움이 될 것입니다. 그러한 성찰과 학습이 쌓인다면, 분명 남들과 다른 차이를 만들어 낼 수 있습니다. 결국, 지피지기면 백전불패입니다.

# 2
# 완벽한 나,
# 그리고 부족한 나

## 성장하는 사람들의 태도

좋은 대학에서 좋은 성적을 거둔 후 회사에 막 입사한 이들이 느끼는 첫 번째 장벽은 아주 작은 일도 어렵다는 것입니다. 공부는 나 혼자서 잘하면 좋은 성적을 거둘 수 있지만, 일은 혼자가 아닌 다양한 사람들과 함께해야 하기 때문이죠. 그래서 입사한 지 얼마 안 된 이들이 성과 내며 일을 잘한다는 인정과 칭찬을 받기까지는 시간이 필요합니다. 그러면 입사 초반, 어떤 이들이 일을 잘한다고 평가를 받을까요?

이때 기준이 되는 것이 바로 '태도'입니다. 업무를 하면서 보이는 반복된 말과 행동을 태도라고 부를 수 있죠. 저 또한 태도를 중요하게 여기는 사람입니다. 저는(백종화) 20년 차 직장인으로 제 직장생활의 대부분을 누군가의 성장과 성공을 돕는 데 사용했었고, 이 과정에서 나만의 방식으로 지속해서 성장하는 사람들을 보게 되었죠. 그런데 지속해서 성장하는 사람들의 가장 기본적인 특징은 바로 '태도'에 있었습니다.

예를 한번 들어볼까요? 배우려는 자세를 갖는 사람과 그렇지 못한 사람의 차이를 혹시 알고 계신가요? 한 단어로 표현한다면 '교만'입니다. 교만이라는 단어를 부정적으로 생각하는 사람은 더 이상 배울 것이 없거나 이미 모든 것을 알고 있다고 생각하는 사람입니다. 반대로 내가 아직 모르는 것이 많고, 그것을 알려주면 배우려는 사람이라고 보면 됩니다.

## '완벽한 나'를 생각하는 사람

'완벽한 나'라는 단어는 긍정적으로 보일 수 있겠지만, 내용을 들여다보면 나에게 도움이 되지 않는 단어입니다. '완벽한 나'에 대한 확고한 신념이 있는 사람들은 나의 부족한 부분에 대한 질책과 교정적인 피드백을 받아들이지 못합니다. 즉, '완벽한 나'를 생각하는 사람은 교만함 때문에 더 이상의 성장이 없는 멈춘 사람들이라고 표현할 수 있습니다. 그들은 다음과 같은 생각과 행동을 하게 됩니다.

### 첫째, '나는 더 이상 배울 것이 없다.'고 생각합니다.

나는 이미 다 알고 있으며 내 생각과 아이디어가 정답이라고 생각하기 때문에 더 배울 것이 없다고 느낍니다. 이런 사람들에게 다른 사람들의 아이디어와 생각은 중요하지 않습니다. 만약 누군가가 좋은 아이디어를 가져오면, '완벽한 나'는 그 아이디어가 채택되면 안 되는 이유를 만들어서 자신의 아이디어가 실행되도록 노력합니다. 그들이 자신과 다른 의견에 비판적인 의견을 제시하는 이유는 그래야 내가 더 뛰어난 사람이라는 것을 보여줄 수 있기 때문입니다. 그래서 그들 주변에는 '완벽한 나'의 생각과 아이디어에 동의하는 사람들만 남게 됩니다. 다른 사람들은 모두 적이 되어 버렸거든요.

### 둘째, '내가 최고'라고 생각합니다.

'완벽한 나'는 나보다 뛰어난 사람을 인정하지 않습니다. 그러다 보니 완벽한 나를 생각하는 리더의 조직에는 그보다 뛰어난 사람이 없습니다. 그 조직에서는 더 이상 성장하고 인정받을 수 없다는 것을 알고 있기 때문입니다. 그룹에서 정말 많은 인재들을 봐왔지만, 이 약점은 스스로가 숨기려고 마음만 먹으면 정말 찾아내기가 쉽지 않습니다. 저 또한 그룹 인사위원회에서 근무하며 경영자 후보를 발굴할 때 이 부분을 잘 찾아내지 못했던 기억들이 많이 있습니다. 경영자나 팀장으로 발탁한 후에야 이 약점이 발견되고는 했었으니깐요.

내가 최고라고 생각하는 사람은 자신보다 뛰어난 A급 인재를 어떤 방법을 써서라도 자신의 조직에서 내보내려고 합니다. 그들의 성과를 인정하지 않고 아이디어와 전략들을 비판해 사기를 떨어트리거나, 성장의 기회가 되는 중요한 일을 맡기지 않는다거나 그들을 그룹이나 인사 조직에 노출하지 않는 방법 등을 많이 활용하더라고요. 그들에게 절대 있을 수 없는 일은 내 동기나 내가 데리고 있던 후배가 나보다 더 잘되는 것입니다. 평소 A급이라고 판단했던 구성원들의 이탈이 한 리더 밑에서 반복해서 나타난다면 그 리더가 '완벽한 나'라는 잘못된 가치관을 가지고 있는지 확인해 보시는 것이 좋습니다.

**셋째, 내가 달성하지 못하는 목표는 '내 문제'가 아니라 '나 이외 다른 사람의 문제' 때문이라고 생각합니다.**

'완벽한 나'는 성공했을 때는 내부 통제 요소인 나로 인해 성공했다고 이야기하고, 실패했을 때는 내가 아닌 외부 통제 요소로 인해 실패했다고 합니다. 제가 경험했던 A 직원도 이런 문제를 갖고 있었는데, 2년여간 피드백 미팅을 할 때마다 자신이 찾아낸 해결책을 다른 부서에서 거부해서 실패했다거나 경영자가 자신의 의견에 동의하지 않아서 중요하지 않은 일을 할 수밖에 없었다는 등의 핑계를 대기만 했습니다. 문제 해결 능력과 비즈니스 감각이 뛰어난 A를 경영자 후보로 추천해 관련 교육도 받도록 했지만 마지막으로 '완벽한 나'를 넘지 못한 채 성장이 멈추어서 아쉬움이 남았던 기억입니다.

**넷째, 장애물에 봉착하게 되면 그 장애물을 회피하려고 합니다.**

실수와 실패를 용납할 수 없기 때문입니다. 그러다 보니 이들은 아주 높고 위대한 목표를 설정하지 않습니다. 실패하지 않기 위해 내가 달성할 수 있는 목표, 내가 할 수 있는 일, 내가 인정받을 수 있는 일에만 도전하려고 합니다. 이전 조직에서는 특별하게도 채용 시부터 가능성 있는 인재들을 선발해서 2년의 신입사원 기간에 중요하고 다양한 프로젝트를 경험하도록 하는 양성 시스템이 있었습니다. 그 시스템을 통해 많은 경영자들이 발굴되었는데, 커다란 단점 중 하나가 바로 '넘을 수 있는 장애물에 도전하는 것'이었습니다.

정말 탁월한 인재들은 가장 어려운 사업부와 힘든 프로젝트를 선택해서 도전을 시작했지만, 많은 수의 인재들은 자신이 인정받을 수 있는 프로젝트, 이미 답이 나와 있거나 숫자가 조금씩 바뀌고 있는 프로젝트에 도전해 성공이라는 열매만을 먹으려고만 하더라고요. 그렇게 함으로써 자신의 성장이 정체된다는 것을 알지 못하고, 작은 목표를 달성하는 기쁨에 점점 더 교만해지고 완벽해지려고만 했습니다. 그들에게는 다른 사람들의 조언도 통하지 않게 됩니다. 이처럼 장애물을 어떤 관점에서 바라보는지가 판단 기준이 될 수 있는데, 그때 적용해 보려고 했지만 그들을 움직이는 더 큰 산(임원)을 넘지 못했네요.

**다섯째, 실패했을 때 다시 일어서지 못하고 주저앉는 경우가 많습니다.**

실패를 실패로만 판단해 버리는 이들은 실패를 통해 '완벽한 나'는 없어지고, 남들로부터 비난과 질책을 받는 나만이 남아 있기 때문에 다시 일어설 정신력과 체력이 남아 있지 않습니다. 내가 가진 능력과 역량이 아닌, 다른 사람들이 나의 능력과 역량을 어떻게 보고 판단하는지에 더 민감하다 보니 그들에게 한 번의 실패는 곧 인생의 실패이기도 합니다.

## '부족한 나'를 생각하는 사람

반대로 '부족한 나'를 생각하는 사람은 내가 성공하든 실패하든 과정과 결과를 통해 나를 더욱 단단하게 만들어 가는 사람들입니다. 이들은 '완벽한 나'와는 반대로 행동합니다.

**첫째, 이상적인 나의 모습을 실현하기 위해 노력합니다.**

'부족한 나'는 언제나 이상적인 모습을 그려놓고 현재의 나와 비교합니다. 그 GAP을 객관적으로 알기 위해 노력하고, 자신의 부족한 모습이나 자신이 잘못하고 있는 부분을 피드백 해주는 사람들의 말에 귀를 기울입니다. 질책과 조언, 피드백을 통해 나의 부족한 부분을 객관적으로 알 수 있고, 이상적인 모습이 되기 위해 GAP을 채워가면 어제보다 더 나은 나로 성장할 수 있기 때문입니다.

**둘째, 성장을 위해 항상 배우려고 노력합니다.**

'부족한 나'를 간직한 사람들은 언제 어디서나 배울 것을 찾아다닙니다. 책, 함께 일하는 동료들은 나에게 새로운 것을 알려주는 선생님이 되기도 합니다. 그러다 보니 이들은 자신의 부족한 점과 약점을 쉽게 노출하고 인정하면서 상대에게 알려 달라고 도움을 요청합니다. 나보다 어린 사람이나 경력이 짧은 사람이거나, 내가 데리고 있는 팀원이라도 나보다 잘하는 부분이 있으면 그 부분을 인정하고 그들의 강점을 활용하려고 합니다. 자신의 성장을 위해서든, 조직의 목표 달성을 위해서든 말이죠. 내가 잘하는 것, 잘 알고 있는 것을 물어보고, 가르쳐 달라고 하는 동료와 함께 일하면 어떤 기분이 들 것 같으세요?

**셋째, 모든 사람은 다른 강점을 가지고 있다는 것을 인정합니다.**

이들은 모든 사람들에 대해 좋아하는 것과 싫어하는 것, 강점과 약점이 다르다는 것을 인정합니다. 그러다 보니 내 아이디어와 의견이 최고라고 생각하지 않고, 다른 사람들의 아이디어와 의견에 귀를 기울입니다. 그리고 더 좋은 것을 찾으려고 하죠. 나보다 더 나은 강점을 가지고 있는 사람들을 활용하는 사람들이 바로 다르다는 가치관을 가진 사람들입니다. 이들은 목표를 달성하기 위해 다양한 전략과 아이디어가 있다는 것을 알고 있습니다. 그리고 각각의 전략과 아이디어를 실행하기 위해서는 다양한 사람들이 필요하다는 것을 알고 있기도 합니다. 최고의 인재만을 영입하는 것이 아닌, 최고의 팀을 구축하는 사람들이 바로 '부족한 나'입니다. 서로의 강점과 약점이 얽혀있는 조직, 그리고 서로의 강점과 약점을 알고 강점에 맞게 과업을 분배하고 집중하는 조직, 그들 속에는 '부족한 나'를 간직한 사람들이 있습니다.

**넷째, 도전적인 목표를 설정하고, 새로운 방식을 활용하며 변화를 추구합니다.**

'부족한 나'에게 결과물을 만들어내는 것보다 중요한 것이 있습니다. 성공이나 실패에서 무엇을 배울지, 다음에 어떤 새로운 도전을 할 것인지입니다. 그들에게는 똑같은 것은 없습니다. 하나가 끝나면 이를 통해 깨달은 것을 반영한 새로운 것을 실행하게 되기 때문입니다. 그러다 보니 새로운 일, 더 큰 목표 등이 다가오면 '부족한 나'를 가진 이들은 거침없이 도전합니다. 실패해도 새로운 도전을 통해 나는 더욱 성장할 수 있기 때문입니다.

**다섯째, 실패를 통해 성장합니다.**

이들은 실패했다고 쓰러질 수는 있지만 다시 일어서서 새로운 도전을 하는 데 그리 오랜 시간이 걸리지 않습니다. 실패를 했다면 왜 실패한 것인지, 문제가 무엇이었는지를 파악하고 다음에는 어떻게 할지를 고민하기 때문입니다. 이때 이들은 '나의 문제와 실수 그리고 부족했던 부분'이 무엇인지를 먼저 생각합니다. 그다음에 외부의 문제를 찾아보게 되죠. 그렇게 찾아낸 문제들은 다시 실패하지 않도록 피드백 되어 보완하게 됩니다. 물론 완벽한 나와 부족한 나를 이분법적으로 생각할 수는 없습니다. 사람은 누구나 이 두 가지 면을 동시에 가지고 있으며, 상황에 따라 무엇이 더 강하게 발현되는지가 다를 뿐입니다.

이런 이유로 우리는 '부족한 나'를 편하게 생각하는 조직 문화를 어떻게 만들 수 있을지를 고민해야 합니다. 바로 '심리적 안전감'을 가진 조직 문화라고 할 수 있는데요. 자녀를 볼 때도 같은 관점을 가져야 합니다. 시험에서 언제나 1등을 하거나 100점을 받아야 하는 아이, 문제를 틀린 것은 잘못된 것이라고 생각하도록 학교와 가정에서 가르침을 받는 아이가 성장해서 기업에 들어가거나 사회생활을 하게 된다면 그 아이는 어떤 모습을 간직하게 될까요? 완벽함을 중요하게 여기고, 1등을 해야 하는 환경에서 자란 아이들은 성장해서 조직에서 일을 할 때 '내가 잘할 수 있는 일에만 도전합니다.' '동료를 협업의 대상이 아닌, 경쟁의 대상으로 생각합니다.' '내가 모르는 것에는 도전하지 않으려고 합니다.'

　　그리고 3가지의 행동이 반복될 때 성장이 멈추게 되죠.

　　완벽한 나? 부족한 나? 여러분은 어떤 모습인가요? 너무나 뻔한 정답이 있는데, 우리는 지금 당장의 모습만 생각하고 있는 것은 아닌지 모르겠습니다.

# 3
## 일을 바라보는
## 관점


### 어떻게 해야, 적게 일하고 많이 벌 수 있을까?

일과 삶의 균형(워라밸Work&Life Balance)에 대한 논의는 언제나 활발합니다. 과거 고도성장 시기에는 "부자 되세요!"가 덕담이었다면, 지금은 "적게 일하고 많이 버세요!"라고 말해야 합니다. 이처럼 사람들의 인식이 바뀐 데는 시대적 변화가 큽니다. 예전에는 수직적 위계 문화가 만연했지만, 경제 성장률만큼은 높았습니다. 힘들긴 하더라도, 내가 얻는 몫과 앞으로 성장할 수 있을 거란 희망만큼은 분명했죠. 지금은 어떨까요? 단연코 그렇지 않죠, 성장에 대한 기대는 무너졌고, 회사가 내 삶을 책임져주지 않는다는 것을 너무 잘 알고 있습니다.

많은 직장인들이 평일에 적당히 일하고 저녁과 주말이 되면 자신의 삶을 찾아 떠납니다. 일과 삶의 균형이 무너져 고통받는 부모님과 여러 선배들의 사례를 보며, '나는 저렇게 살지 말아야지.'라고 각오를 다진 사람들입니다. 저 또한 전자 공학이라는 취업하기 좋은 전공을 스스로 포기했었는데요. 중요한 이유 중 하나는 일을 하는 목적이 오로지 돈이 아니었으면 하는, 내 삶을 찾고 싶다는 무의식적 반항이자 몸부림이었습니다.

무너진 일과 삶의 균형을 회복하는 것은 물론 중요합니다. 하지만 그 전에 먼저 떠올려야 할 키워드가 있습니다. 역설적이게도, '생산성'이란 단어입니다. 생산성에 대한 충분한 고민 없이, 단순히 균형만 외치면 현실과 이상의 괴리에 반드시 부딪치게 됩니다. 구조를 탓하지 않고 개인의 잘못만 되돌아보는 것도 문제지만, 자신을 돌아보지 않고 환경만 탓하는 것도 매한가지입니다. OECD 국가 중 가장 낮은 수준을 자랑하는 한국의 노동 생산성이 바뀌지 않는 이상, 모두가 웃는 상황이 올 수 있을까요? 그런 기적은 없습니다. **적게 일하고 많이 벌기 위해선, 그만큼의 가치를 창출해야 합니다. 균형이 중요해질수록, 생산성은 더욱 부각될 것이라 저는 확신합니다.**

본질적으로 중요한 것은 일의 생산성을 높이는 것입니다. 그 결과로 노동시간 자체를 줄이는 것을 지향해야 합니다. 그러므로 단순히 야근 줄이기를 목표로 하는 기업과 생산성을 높이고자 노력하는 기업은 장기적으로 도달할 수 있는 목표가 다를 수밖에 없습니다. 개인도 마찬가지라고 생각합니다. 여러분은 업무 시간 자체를 줄이고자 노력하나요? 아니면 스스로의 생산성을 극대화하고자 노력하나요? 스스로 얼마만큼의 가치를 만들어내고 있는지 측정하고 있나요?

## 물 뜨러 가기 VS 우물 설치하기

옛날 옛적에 작은 마을이 있었습니다. 5km 넘게 떨어진 곳에 강이 있었고, 사람들이 살기 위해선 어쩔 수 없이 물을 길어 와야 했습니다. 크고 작은 그릇과 물통을 들고, 키 작은 꼬마부터 힘센 젊은이까지 모두 하나가 되어 땀 흘리며 물을 퍼 날랐습니다. 그들의 하루는 성실했고, 단순했습니다. 그러던 어느 날이었습니다. 옆 마을에서 온 젊은 이방인이 마을 사람들에게 이상한 말을 하기 시작했죠.

"여러분, 제가 살고 있는 마을에는 우물이라는 것이 있어요. 여기도 땅을 깊이 파면 분명 콸콸 샘솟는 우물을 만들 수 있을 겁니다. 다들 그렇게 힘들게 물 뜨러 가지 마시고, 우물을 만드는 것이 어때요? 다만, 우물을 파는 동안은 물이 부족할 수밖에 없을 겁니다.”

그 말을 들은 마을 사람들이 논의를 시작했습니다. 얼마의 시간이 흐른 뒤, 촌장이 말했습니다.

“이보쇼, 우리는 우물을 파지 않기로 했습니다.”

이 말을 듣고 놀란 이방인이 다시 물었습니다.

“아니, 왜요? 왜 그렇게 결정했습니까?”

촌장이 대답했습니다.

“우리 지금 물 뜨러 가야 돼요!”


예전 직장 상사에게 들은 우화입니다. 이 이야기를 들으며 각자의 직장과 일이 떠올랐다면 당신도 ‘생산성’을 고민하고 있는 사람입니다. 주어진 일을 열심히 하는 것은 생산성과 어떤 관련이 있을까요? 안타깝게도, 전혀 없습니다. 무슨 일을 어떻게 하는지, 잠시 멈춰 생각하는 것이 중요합니다. 잠시 멈춰 서서 ‘무슨 일을 해야 할지’ 고민하는 사람, 그리고 그 일을 ‘어떻게 해야 할지’ 생각하는 사람이 생산적인 사람입니다. 생산성은 움직임에 비례하지 않습니다. 역설적으로 게으른 사람이 혁신적인 프로세스를 고안하여 생산성을 높이는 경우도 많습니다. 축구 경기에서 메시는 무작정 뛰어다니지 않습니다. 공과 수비수의 위치를 파악하기 위해 한참을 걸어 다니다가, 한순간에 뛰어들어 골을 넣습니다. **골을 넣기 위해선, 잠시 멈춰서야 합니다.**

## 내 일을 시간으로 생각하지 말자

이번에는 우화가 아니라, 실화입니다. 제가 아는 지인이 과거에 실리콘밸리를 다녀왔는데, 꽤 인상 깊었던 만남이 있었다고 했습니다. 젊은 1인 기업가를 만났는데, 그는 혼자 기획하고 디자인해서 앱을 만든다고 합니다. 1~2년에 걸쳐 새로운 서비스를 만들고 사용자를 늘려서 기업에 되파는 방식인데, 그런 식으로 벌써 몇 년째 일하고 있다는 것입니다. UX 디자인이 꽤 훌륭해서, 전공이냐고 물었더니 3개월 정도 학원을 다닌 것이 전부라고 답했습니다. 애플 같은 기업도 들어갈 수 있지만, 굳이 뭐 하러 그렇게 답답하게 사냐고 되물었다고 했고요. 그 젊은 친구의 생산성은 어떨까요? 그는 과연 몇 사람이 해야 할 일을 혼자서 하는 걸까요? 일과 삶의 균형은 어떻게 될까요? 적어도 저에겐 만감이 교차하는 이야기였습니다.

생산성뿐만 아니라, 세상의 많은 것들은 선순환 혹은 악순환으로 설명됩니다. 그리고 지금 우리는 '빈익빈 부익부'의 시대를 살고 있습니다. 생산성을 높일 수 있는 방법, 다양한 툴, 최적화된 교육은 날이면 날마다 쏟아지고 있습니다. 가진 자는 더 가지게 되고, 없는 자는 있는 것도 뺏긴다는 지고의 법칙은 우리의 일상 속에서 아무렇지 않게 작동하고 있죠. 이제, 생산성은 진지하게 논의되어야 합니다. 급히 물을 뜨러 가기 전에, 잠시 멈춰보기 바랍니다. 우물을 파지 않으면, 당신은 영원히 바빠야 합니다. 80세까지 일해야 하는 저성장의 시대에서, 압도적 생산성만이 일과 삶의 균형을 담보합니다. 적어도 저는 그렇게 믿습니다. 제가 팀장으로서 팀을 운영할 때, 팀원들에게 가끔 했던 말입니다. 진심을 담아, 여기 남겨봅니다.

"저에게 야근은 두 가지 종류가 있습니다. 첫 번째는 일을 제시간에 마무리할 수 없어서, 어쩔 수 없이 해야 하는 야근입니다. 두 번째는 지금의 업무를 개선하거나 퀄리티를 높이기 위해서 좀 더 남아서 고민하기 위한 야근입니다. 첫 번째 '해야 하는 야근'은 가급적 지양되어야 합니다. 물론 상황에 따라서 일시적으로 누구나 일이 많아질 수 있고 야근도 일어나겠지만, 그것이 오랜 기간 개선되지 않는다면 저에게 말씀해 주세요. 최대한 반복되지 않도록 돕겠습니다.

하지만, 두 번째 '고민을 위한 야근'은 조금 다른 개념입니다.

지금 상황을 더 낫게 만드는 방법은 반드시 있고, 여러분이 그것을 찾기 위해서 고민하는 것은 단순히 조직을 위해서만은 아닙니다. 나의 실력을 높이기 위해 훈련하는 시간이며, 사실 이것은 야근이 아닌 일을 대하는 태도와 관련되어 있습니다. 사실, 꼭 회사에 남아 있을 필요도 없습니다. 일이 끝나고 함께하는 직무 스터디, 퇴근길의 독서 시간, 혹은 주말에 혼자 생각하는 중에도 얼마든지 일어날 수 있기 때문입니다. 그러한 고민과 학습의 결과가 여러분을 첫 번째 야근으로부터 자유롭게 만들어 줄 수 있을 것이라 확신합니다. 정리해보자면, 야근을 피하기 위해선, 야근을 하셔야 합니다. 그리고 두 가지 야근은 완전히 다릅니다.”

## 내가 하고 있는 일이 '잡일'로 느껴진다면?

〈놀면 뭐하니〉라는 프로그램은 예능이지만 많은 음원들을 생산해 내고, 관련된 굿즈를 생산해서 판매하기도 하죠. 인기가 높으면 높을수록 매출은 올라갈 수밖에 없는 비즈니스 모델이지만, 공영 방송사에서 일하는 사람들에게 매출과 시청률을 끌어올려야 하는 가치를 부여하기 위해 '기부'라는 방법을 적용했습니다. (2021년 17억 기부) 무한도전 때부터 김태호 PD가 활용하던 방법이었습니다. 음원이 잘되면, 굿즈가 잘 팔리면, 시청률이 올라가면 우리가 돕고 싶은 사람들에게 조금이라도 더 기부를 늘릴 수 있는 일이 되는 것이죠.

국내 최고의 어린이 재단인 월드비전은 자신들의 애뉴얼 리포트annual report에 기부액 (매출)과 비용뿐만이 아니라, 우리가 얼마나 많은 아이들을 지원하고, 그들의 삶을 변화시켜 주기 위해 노력하고 있는지를 보여줄 수 있는 수치를 넣고 직원들과 소통하고 있습니다. 기부액만을 목표로 하는 것이 아니라, 직원들의 노력과 결과가 얼마나 많은 아이들에게 영향을 주고 있는지를 공유하는 것이죠. 만약 2021년 300만 명의 아이들을 후원했는데, 우리의 일과 결과가 2022년 500만 명의 아이들에게 행복을 줄 수 있다면 그 가치를 믿고 따르는 직원들은 어떻게 일을 할까요?

"우리는 잡일을 하고 있어요."라며 자신들의 과업을 표현하던 팀이 있었습니다. 그런데 옆에 있던 다른 팀에서 "너네 일이 어떻게 잡일이야? 너네 팀이 없으면 그 일을 누가 해야 하는데?"라고 역으로 물어봤죠. "우리가 없으면 이 일들은 너희들이 해야지." 자신들의 일을 잡일이라고 표현한 총무팀과 그 옆에 있던 인사팀의 토론이었습니다. 그렇게 시작된 토론은 '총무팀은 직원들이 회사의 목표를 달성하기 위해 업무에 몰입할 수 있도록 도와주는 서포트팀'이라고 결론 내리게 되었죠. 총무팀의 고객은 '동료 직원'이 되었고, 그들이 잡일이라고 표현했던 하찮은 일들은 '동료들이 업무에 몰입할 수 있도록 환경을 구축하는 가치 있는 일'이 되었습니다. 자, 같은 총무팀이지만 자신의 일을 잡일이라고 생각하는 직원과 동료를 서포트하는 일이라고 생각하는 직원 중 누가 더 열심히 일을 할까요? 누가 더 그 일을 잘하기 위해 학습하고 공부할까요? 이렇게 총무팀은 서포트팀이라는 이름으로 부서를 바꾸게 되었고, 이후 동료들에게 끊임없이 새로운 과업을 물으며 일을 벌이기 시작했습니다. 가치 있는 일을 하기 위해서 말이죠.

한 회사의 회계 부서 리더와 대화를 나눌 때였습니다. 그 리더는 팀원과 갈등을 겪고 있다며 고민을 털어놓았습니다. 그때 한 가지 질문을 던졌죠. "매니저님은 회계 부서의 역할을 무엇이라고 생각하세요?" 그러자 그분은 이렇게 대답했습니다. "저는 서비스하는 팀이라고 생각해요. 회계 부서는 고객을 만나 우리 회사의 제품과 서비스를 소개해 매출을 일으키는 부서가 아니라, 그 역할을 하는 영업팀과 마케팅팀, 제품과 서비스를 만들어내는 개발팀 등 다른 팀들이 회사의 목표를 달성하는 과업에 집중하도록 돕는 역할을 하는 부서라고 생각해요." 대답을 듣고 또 다른 질문을 드렸습니다. "팀원은 어떻게 생각할까요?" 이 질문에 대한 답은 "컨트롤 타워이겠네요."였습니다. 회사의 비용을 통제하는 역할이 팀원이 생각하는 회계의 과업이자 목적이었죠. 그리고 이 팀의 갈등을 해소하는 방법은 '팀의 고객과 목적을 얼라인 시키는 것'이 되었습니다. 내가 하고 있는 일의 의미를 정리하다 보면 내가 어떻게 일을 해야 할지가 정리됩니다. 그리고 내가 하고 있는 일의 의미와 가치도 찾을 수 있게 되죠.

또 하나의 사례가 있습니다. 바로 홍보팀의 사례인데요. 한 직원이 자신의 일을 "기사 쓰고, 기자들을 관리합니다."라고 말했습니다. 그때 이런 질문을 드렸죠. "혹시 기사를 잘 쓰면 무슨 일이 벌어지나요?" 당시 홍보실 직원은 자신이 기사를 잘 썼을 때 사례를 환한 표정을 지으며 소개해 줬습니다. 신제품 기사였는데 기사가 너무 잘 나가서 많은 사람들이 기사를 보고 제품을 구입하면서 매출이 꽤 많이 올랐다고요. 그래서 상품팀 직원들이 고맙다며 선물도 줬다고 말이죠. 반대로 기사를 잘못 썼던 내용도 공유해 줬습니다. 제품 정보가 잘못 나가는 바람에 고객들에게 많은 클레임을 받았던 사례였죠. 내가 하고 있는 일의 영향을 이야기하다가 홍보팀 직원에게 "기사 쓰는 게 아니라 회사를 브랜딩하고 계셨네요."라는 말을 전하게 되었습니다. 기사 쓰는 홍보실은 기사를 잘 쓰기 위한 노력을 합니다. 그런데 자신의 일을 브랜딩이라고 재정의한 홍보실 직원들은 기사를 잘 쓰는 것뿐만이 아니라, 회사를 브랜딩하는 다양한 활동들을 하기 시작했죠.

실제로 그전에는 External, 즉 외부 사람들에게 회사와 제품을 알리는 과업에 집중했었는데, 브랜딩하는 일이라고 재정의한 이후로는 직원들에게도 회사의 주요 정보를 공유하기 시작했습니다. 회사의 주요 정보를 외부 기사를 통해서 듣던 직원들에게 가장 먼저 회사의 주요 정보를 공유하며 Internal 브랜딩을 하기 시작한 것이죠. 직원들은 회사가 자신들에게 가장 먼저 중요 정보를 공유해 주며 소통하려고 노력한다고 생각하게 되었고, 이 과정에서 내부 직원들의 성공사례들도 공유하며 더 많은 긍정적인 효과를 만들어 내게 되었습니다. 만약 홍보실이 자신들의 과업을 '기사 쓰는 일'에서 '브랜딩'하는 일로 재정의하지 않았다면 업무의 확장이 가능했을까요? 그리고 회사와 직원들은 기사 쓰는 홍보실과 브랜딩하는 홍보실 중 어느 홍보실을 더 가치 있는 일을 한다고 생각할까요? 마지막 질문입니다. 기사 쓰는 홍보실 직원과 브랜딩을 위해 다양한 방법들을 고민하고 실행하는 홍보실 직원 중 3년, 5년 후 누가 더 성장해 있을까요? 내가 하고 있는 일은 어떤 가치가 있을까요? 우리가 직장인의 길을 걷기 시작했을 때부터 끊임없이 고민해야 할 부분은 바로 여기에 있습니다.

## 반복적인 운영 업무, 피할 수 없다면?

　반복적인 운영 업무는 늘 존재합니다. 특히 신입사원은 이를 피할 수 없습니다. 그렇다면, 어떤 자세로 이런 업무들을 처리해야 할까요? 몇 가지 팁이 있습니다. 그중 **첫 번째 방법은, '끝을 생각하기'입니다.** 프레인글로벌의 창업자 여준영 대표는 구성원을 '일의 결과를 쌓이게 하는 사람'과 '흩어지게 두는 사람'으로 구분합니다. 예를 들어 매월 회식 장소를 정하는 '잡일(?)'을 맡은 사람이 있다고 가정해 봅시다. 대부분은 투덜투덜하며 일을 합니다. '아, 벌써 한 달이 지났어?' 하면서 괴로워할지도 모르죠. 하지만 누군가는 이렇게 생각합니다. '100번의 회식을 하고 나서 강남구 회식 지도를 앱으로 만들어야지.'라고 말이죠. 똑같은 일이지만, 그에겐 참 멋진 '그만의 프로젝트'가 되는 것입니다. 여준영 대표는 이 말을 기억하라고 합니다. "내가 하는 이 일이 전통이 될 것이다." 끝을 생각하고 거기서 출발하면, 내가 하는 아무리 작은 일도 의미를 가질 수 있습니다. 이 세상에 사소한 업무는 존재하지 않는다는 마음으로 끝을 생각해 본다면, 업무가 더 다르게 다가올 수 있을 거라 생각합니다.

　**두 번째 방법은, '다른 사람에게 설명해보기'입니다.** 저는 업무를 하는 것과 업무를 다른 사람에게 설명하거나 인수인계하는 것은 완전히 다른 일이라고 생각하는데요. 반복 업무에 치여서 발전이 없다고 느낄 때쯤, 새로운 신규 입사자가 온다고 가정하고 인수인계 자료를 만들어보시는 것을 추천합니다. 본인의 일을 정리하는 과정에서 새로운 문제점이나 개선점이 보이기도 하고, 다른 사람에게 소통하는 과정에서 업무의 의미와 자신에 대한 효능감을 새롭게 되새기기도 합니다.

**마지막 방법은, '미세한 차이를 기록하기'입니다.** 다들 자신만의 메모장은 있으실 텐데요. 일의 결과뿐만 아니라, 업무 과정을 남기고 공유하고자 하는 의식적인 노력은 아주 중요하다고 생각합니다. 저 역시 첫 직장생활부터 지금까지 써온 다양한 노트들이 있고, 그것이 저에겐 '두 번째 뇌'에 가깝습니다. 실제로 전문가가 되기 위해선, 얼마나 많은 시간을 학습에 투여하느냐가 아니라, 그 시간을 어떻게 보내는가에 달려 있는데요. 본인이 반복하는 활동을 최대한 작은 단위로 쪼개고, 그 하나하나에 집중해 어떤 일이 일어나는지 인식하고, 미세한 조정을 해서 조금씩 개선하는 것이 훈련입니다.

앞서 말한 3가지 방법을 통합해 볼까요. 예를 들어, 고객을 대응하는 CS 업무라고 가정해 본다면, 화가 난 고객 때문에 스트레스 받는 상황에서 이왕이면 '화가 난 고객을 잘 대응하는 책을 만들자.'고 마음먹을 수 있습니다. 이후 동료들에게 노하우를 들어보거나, 본인 역시 특정 접근법을 시도해보고 그것이 효과가 있었는지 리더 혹은 동료들과 이야기 나눠볼 수 있겠죠. 그리고 다음에는 어떻게 다르게 해 보고 싶은지 생각해보고 또 새로운 시도를 반복하는 것입니다. 그 모든 과정을 노트에 기록해서 쌓아둘 수 있다면, 나만의 매뉴얼이 되는 것과 동시에 책이 만들어질 수도 있습니다. 아무리 반복적인 운영 업무라 하더라도, 미세한 차이를 인식하고 기록하며 개선 작업에 반영하다 보면 나만의 **'섬세한 감각'**이 생기기 마련입니다. 그렇게 만들어진 감각은 이후 업무를 하는 데 있어서 나침반처럼 작동하게 됩니다. 치열한 반복 업무와 고민이 없다면, 결코 만들어지지 않을 감각이기에 더욱 귀하죠. 반복을 피할 수 없다면, 차이를 만드는 기회로 만들어보는 건 어떨까요?

> 세상에 모든 것은 '차이 자체'이다. 그러나 자신이 지닌 고유한 차이가 불쑥 드러날 수 있는 것은 아니다. 여기서 세상에 존재하는 모든 것이 자신의 차이를 드러낼 수 있는 기제가 바로 반복이다.
>
> - 질 들뢰즈 『차이와 반복』

나의 첫 커리어 브랜딩

# 4
## 생산성을 높이기 위한 남다른 전략

### 사회복무요원의 행정혁명

대구지방고용노동청 안동지청의 사회복무요원으로 일하던 반병현 님은 상사로부터 '최근 1년간 보낸 등기우편 명세를 모두 찾아서 인쇄하기'라는 업무를 지시받습니다. 당시 안동지청에서 보낸 등기우편은 3,900개가 넘었고, 그걸 우체국 홈페이지에서 일일이 입력하고 인쇄하면 약 6개월 정도 걸리는 업무 분량이었습니다. 하지만 그는 KAIST에서 바이오 및 뇌공학 석사를 전공한 이력을 기반으로 직접 자동화 소프트웨어를 만들었고, 단 하루 만에 모든 일을 마쳤습니다. 해당 내용은 2018년의 동아일보 기사 "6개월 치 잡무' 하루 만에 끝… 사회복무요원의 행정혁명"에서 가져왔는데요. 기사를 읽던 당시 저는 생산성이란 단어에 상당히 관심이 많았었고 그래서 더욱 흥미롭게 느껴졌습니다. 6개월 걸리는 업무를 하루 만에 할 수 있다는 소식을 들은, 기존에 해당 업무를 하던 사람들은 과연 어떤 마음이었을까요? 아마도 복잡 미묘한 기분을 느끼지 않았을까요?

　기사의 주인공인 반병현 님은 이후에 청와대와 고용노동부를 비롯한 다양한 기관에서 기술 자문과 강연을 제공했고, 2023년 현재 20여 권의 책을 쓰고 30여 건의 특허를 출원하는 등 활발하게 활동하고 있습니다. 최근 Chat GPT를 비롯한 기술 발전은 더욱 가파르게 이뤄지고 있기에 AI 관련한 의견이 궁금했는데요. 투데이신문과의 인터뷰에서 남긴 답변이 흥미로웠고, 개인적으로도 공감하는 마음이었기에 가져와 옮겨봅니다.

　"결론적으로 AI는 도구다. 잘 드는 칼이고, 이를 어떻게 사용할지는 손에 쥔 사람이 결정할 문제다. 칼로 범죄를 저지를 수도 있지만, 누군가는 그걸로 과일을 깎을 것이고, 중식 요리사들은 마늘도 빻고 하는 등 다양한 활용법이 있다. 다양한 활용 방안을 먼저 발견하는 것은 개인의 역량이고, 이를 잘하는 사람이 오래 살아남을 것이다. 육체노동 대체는 이미 오래된 패러다임이고, 사고와 판단을 합리적으로 대신하는 것도 사실은 낡은 프레임이다. (중략) 세상에 올 충격을 대비하는 것도 중요할 것이다.”

결국, 도구의 윤리 및 도덕성에 대한 논의는 계속될지라도, 그 유용성과 생산성에 대한 논의만큼은 이견이 없을 거라 생각합니다. 둘을 명확히 구분하고, 우리 역시 현명하게 사용해야 하겠죠.

## 생산성 = 성과/투입 자원

고백하자면, 과거의 저는 '생산성'이란 단어에 선입견을 가지고 있었습니다. 혁신이나 창의성이 중요한 지금 시대에서 생산성을 강조하는 것이 마치 구시대적 유산처럼 느껴졌던 것이죠. 다시 말하면, 저에게 생산성이란 그저 사람을 쥐어짜는 효율성 추구로만 인식되었던 탓입니다. 마치 찰리 채플린의 영화 〈모던 타임스〉를 자연스럽게 떠올렸던 것처럼요. 하지만 이가 야스요는 책 『생산성』에서 "생산성 높은 기업이 가장 창의적인 기업"이라고 말합니다. 익숙하던 생산성을 다시 바라볼 필요가 있습니다.

**생산성을 등식으로 표현하면 "생산성 = 성과/투입 자원"입니다.** 즉, 기업의 성과를 인력, 재료, 시간 등 각종 투입 자원으로 나눈 값입니다. 기업의 성과는 고객이 매기는 가치라고 볼 수 있지만, 환산

하기 쉽지 않고 눈에 보이지도 않습니다. 하지만 투입하는 자원은 눈에 보이기 마련이죠. 그래서 성과를 높이는 일보다는 눈에 보이는 자원을 줄이는 방식을 활용하는 기업들이 현실적으로 많습니다. 하단의 3가지 회사를 볼까요. 어떤 회사를 지향해야 할까요? 말할 것도 없이 B사입니다. 하지만 현실적으로는 C사가 훨씬 많습니다. 여러분의 조직은 어떤가요? 만약, 전 직원이 평일에 야근하고 주말 업무까지 불사하는데 성과가 나지 않는다면 생산성에 대해서 심각하게 고민할 시점인 것이죠. 조직도 그렇지만, 개인도 마찬가지입니다.

A사: 정규 업무(90%) + 혁신과 개선을 위한 노력(10%)
B사: 정규 업무(60%) + 혁신과 개선을 위한 노력(40%)
C사: 정규 업무(100%) + 추가 야근(20%)

앞서 언급했지만, 생산성을 높이기 위한 업무는 크게 2가지, 정규 업무와 혁신과 개선을 위한 노력으로 나눌 수 있습니다. 먹고 살기 위해서 '물을 떠 오는 행위'는 전자고, '새로운 우물을 파는 행위'는 후자를 말하죠. 어쩌면 C사는 물을 떠 오느라 정신이 없는 상황입니다. B사의 모습은 어떨까요? 높은 생산성을 가진 회사는 그렇게 부산스럽지 않습니다. 되레 조용한 편입니다. 맥락

나의 첫 커리어 브랜딩

전환 비용-Context Swiching이 자주 일어나지 않도록, 우선순위나 기대 사항을 명확하게 하고, 잦은 회의를 지양하죠. 그렇지 않으면 개인들의 집중력은 계속해서 소모되고, 바쁘게 시간을 보내기만 할 뿐입니다.

생산성을 높이기 위해서는, 우리가 하는 일의 부가가치를 따져야 합니다. 이 일이 어떤 중요성을 갖는지, 위임될 수 있는지, 자동화할 수는 없는지 다시 살펴야 하는 것이죠. 꼭 내가 아니라면 위임해야 하고, 반드시가 아니라면 그만두어야 하고, 반복적이라면 더 효율적인 방법을 찾아야 합니다. 그렇게 틈을 비틀어야 중요한 일에 쏟아부을 '덩어리 시간'을 확보할 수 있습니다. **피터 드러커는 이러한 덩어리 시간을 자유 재량 시간이라고 정의했고, 지식 노동자라면 반드시 확보해야 한다고 강조했습니다.** 이가 야스요도 책 『생산성』에서 생산성이 높은 직원들은 우선순위를 명확히 하고, 우선순위가 낮은 일은 대담하게 잘라버린다고 말합니다. 그들은 커뮤니케이션을 할 때도 혼선이 생길 여지를 없애려고 노력하는데, 그러한 과정을 통해 생산성을 조금이라도 높이려는 강한 의지를 느낄 수 있다고 강조합니다.

## 생산성을 높이는 프레임워크

반복하지만, 생산성은 성과와 투입 자원으로 구성되며, 생산성 향상은 개선 활동과 혁신 활동으로 구분할 수 있습니다. 그리고 이들의 상관관계를 2×2 매트릭스로 표현하면 아래와 같이 나타낼 수 있습니다.

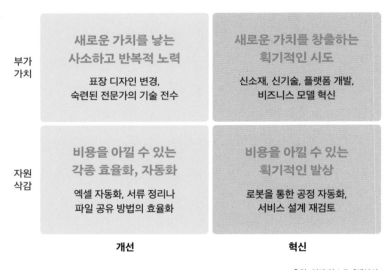

| | 개선 | 혁신 |
|---|---|---|
| 부가가치 | 새로운 가치를 낳는 사소하고 반복적 노력<br>표장 디자인 변경, 숙련된 전문가의 기술 전수 | 새로운 가치를 창출하는 획기적인 시도<br>신소재, 신기술, 플랫폼 개발, 비즈니스 모델 혁신 |
| 자원삭감 | 비용을 아낄 수 있는 각종 효율화, 자동화<br>엑셀 자동화, 서류 정리나 파일 공유 방법의 효율화 | 비용을 아낄 수 있는 획기적인 발상<br>로봇을 통한 공정 자동화, 서비스 설계 재검토 |

출처: 이가 야스요, 『생산성』

만약, 여러분의 직무가 운영 중심의 반복적인 경우라면 혁신보다는 개선을 중점적으로 생각해 볼 수 있습니다. HR 업무만 하더라도 수많은 반복적인 운영이 들어가게 마련인데, 최근에는 자동화나 시각화 툴이 많이 나오고 있어서 적극적으로 활용할 수 있다면 귀중한 투입 자원인 시간을 아낄 수 있습니다. 거창한 개선이 아니어도 됩니다. 커뮤니케이션 혼선을 줄이거나 승인 절차를 바꾸는 것, 커뮤니케이션 채널을 통합해서 혼선을 줄이는 것 등 개선에는 끝이 없습니다.

**기존의 일을 다시 바라보는 것이 개선이라면, 기존에 없던 일을 상상해보는 것은 혁신입니다.** 물론 신입사원이나 주니어에게 혁신적인 결과물을 만들라는 기대는 쉽게 주어지지 않을 수 있습니다. 하지만, 여러분들이야말로 조직을 새로운 눈으로 볼 수 있기 때문에 혁신을 만들기에 적합한 주체가 될 수 있습니다. 모든 것들을 당연하게 생각하기보다는, 왜 그렇게 하는 것인지 의구심을 가져보고, 바꿔 나갈 것들을 하나씩 정리해보기 바랍니다. 그리고 기존 구성원들과 자유롭게 커뮤니케이션하는 과정에서 기존에 없었던 혁신도 꽃피울 수 있습니다. 저는 저희 팀에 신규 입사자가 합류하면, 앞으로 3개월 동안 지금 조직에서 이상한 점이나 개선할 점을 꼭 찾아보고, 피드백해달라고 요청합니다. 그 과정에서 기존에 쉽게 인식하지 못했던 문제를 느끼기도 했고, 함께 새로운 시도를 만들어 가기도 했습니다. 기존 구성원과 새로운 구성원 모두에게 성과가 되기에 더욱 좋은 일이죠.

좀 더 도전적으로 말해볼까요? **어제 했던 일을 타성에 의해 반복**

한다면, 그것은 일이 아닙니다. 개선을 하고 혁신을 일으키는 것, 그것이 일입니다. 교육을 기획하기 위해서 니즈를 파악하고 콘텐츠를 만들었다면? 그것은 일입니다. 하지만 주어진 콘텐츠를 그저 운영한다면 그것은 일이라고 할 수 있을까요? 업무 중에 피드백을 받아 더 효율적인 방안을 기획한다면? 그 또한 일입니다. 하지만 이미 개선되고 혁신되었다면 그것은 일이 아닐 수 있습니다. 나 말고도 누구나 할 수 있다면, 이미 일이 아닌 것이죠. 열심히 일하고 있다는 착각은 버립시다. 내가 하는 일이 가치를 창출하고 있는지 끊임없이 되물어봅시다. 생산성을 높이고자 하는 고민이 없다면, 여러분의 일은 일이 아니라 타성일 뿐입니다. 그리고 그런 고민을 하며 일을 제대로 할 수 있는 사람은, 결코 대체되지 않습니다. 가파른 성장과 워라밸은 저절로 찾아옵니다.

## 자유 재량 시간을 확보하는 방법

생산성을 높이기 위해선 고민을 위한 시간이 필요합니다. 그럼에도 현실에서 우리는 왜 충분한 시간을 확보하지 못할까요? 수많은 요청들과 회의에 대응하다 보면, 어느새 하루가 다 지나가 버리는 것이 현실입니다. 이를 위해 우선적으로는 덩어리 시간의 중요성을 이해하고, 시간을 확보하는 행위를 업무로 정의해야 합니다. '어떻게 해야 방해받지 않는 2시간을 만들 수 있을까?'라고 질문을 던지고, 시간을 만들기 위한 업무를 해야 하는 것이죠. 매일 아침에 '오늘 무엇을 할까?'를 고민하는 것보다 **'오늘 2~3시간을 확보하기 위해선 무엇부터 해야 하지?'** 그리고 **'해당 시간에 만들어야 하는 결과물은 무엇일까?'**라는 질문을 던지는 것이 시간을 더 효율적으로 사용하는 데 도움이 됩니다. 시간을 만드는 것이 하나의 업무임을 기억해 주세요. 맥락 전환 비용을 고려하면, 이러한 노력을 통해 적어도 하루 1~2시간의 생산성은 높일 수 있습니다. 남들보다 일주일에 하루를 더 일하는 셈입니다.

시간 확보는 어떻게 해야 할까요? 공유 캘린더에 일정을 미리 표시해 놓거나, 예상되는 요청에 미리 답해놓거나, 오늘 보내야 할 메일을 미리 보내놓습니다. (자리 이동이 가능하다면) 포커스룸과 같은 집중할 수 있는 자리로 옮기는 것도 도움이 될 수 있습니다. 저는 집중하는 시간에 주로 이어폰을 끼고 일하는데, 방법이야 무엇이든 다른 사람들도 충분히 알 수 있도록 해놓는 것도 필요합니다. 회의에 참여할 때도 정말 필요한지 한 번 더 확인하고, 기여할 수 있는 영역이 적다면 예의를 갖춰 거절하는 것도 필요합니다. 만약 불필요한 회의가 반복되고 있다면 '해당 회의가 앞으로도 필요한지?' 질문을 던질 수 있겠죠.

이렇게 적극적으로 시간을 확보해서 더 나은 결과물을 만드는 모습을 보여주고, 또 타인의 시간을 아껴주기 위해서 노력하다 보면 다른 팀원들도 그러한 방식에 적응해서 팀의 생산성이 높아질 수 있습니다. 물론 처음에는 말을 건다거나, 메신저를 보낸다거나, 혹은 왜 바로 답변하지 않는지 불만을 갖는 동료들이 있을 수 있습니다. 그때는 '언제까지 답변을 해야 하는지' 한 번 더 물어보고, 아주 급한 것이 아니라면 한 번에 몰아서 대응하는 것이 필요합니다.

다만, 이러한 커뮤니케이션 과정에선 최대한 공손한 태도를 갖추는 것이 중요합니다. 팀워크를 해칠 만큼 개인 시간 확보에 열의를 기울이거나, 타인을 배려하지 않다 보면 모든 노력은 한 순간에 물거품이 될 수 있습니다. 왜냐면, 결국 우리는 일을 더 잘하기 위해 이런 노력을 하는데 팀 내에서 불필요한 갈등이나 불편함이 생기면 팀의 생산성은 급격히 떨어질 수밖에 없기 때문이죠. 점심시간처럼 둘만의 시간이 있을 때 자신만의 업무 스타일을 공유하고 양해를 구하는 것도 좋은 방법일 수 있습니다. 이러한 시간 관리 및 팀 커뮤니케이션을 하나하나 만들어가는 것은 나중에 창업을 하거나 혼자 독립을 할 때도 큰 도움이 됩니다. **자신의 시간을 지배할 수 있는 사람이 사업, 그리고 인생마저도 지배할 수 있기 때문입니다.**

　　　　　나의 첫 커리어 브랜딩

# 2장

# 일잘러가 되기 위한,
# Expert Skills

# 1
# 좌충우돌 초보 직장인이
# 선배와 동료들을 활용하는 방법

일단, 제 입장에서 신입사원은 '직무 경험이 없거나 1년 미만의 초보 직장인'을 의미합니다. 왜 1년이라고 했을까요? 많은 시니어들은 아마 이런 이야기를 기억할 것 같습니다. "3년 차는 되야 자기 밥값 한다."라는 편견 말이에요. 몇 년 전만 해도 이 말이 사실이었을 거라 생각합니다. 3년 차라면 일반적인 기업에서는 주임급이 될 테고, 스타트업에서는 직급이 없는 회사가 많기에 그냥 3년 차 동료 정도로 인식될 겁니다. 이 정도 짬밥을 먹어야 회사나 팀장이 연봉값에 해당하는 기대치를 목표로 주거든요. 즉, 당시의 신입사원은 3년 차가 될 때까지 제대로 된 과업을 맡기 어렵고, 일을 배우거나 허드렛일을 하거나 보조하는 역할을 해왔다는 말입니다.

지금은 어떤가요? 연봉값에 해당하는 기대치를 목표로 부여받는 시기가 많아 당겨졌습니다. 이제는 1년이면 가능하다고 생각합니다. 심지어 스타트업에서는 신입사원에게 스스로 목표를 찾도록 하는 경우도 자주 있죠. 이제는 신입사원에게도 권한과 과업을 부여하는 수평적인 문화들이 많이 정착되었기 때문입니다. 제가 경험한 많은 회사에서도 신입사원들이 주도적으로 일하는 모습들을 많이 볼 수 있었습니다. 그럼 이 관점에서 신입사원의 태도는 어떠해야 할까요?

우선 신입사원의 간략한 특징을 살펴보겠습니다. 신입사원은 대부분 '무엇이든지 맡겨 주세요!'라는 마음을 가지고 출근합니다. 열정이 넘친다는 의미입니다. "무슨 일이든지 맡겨만 주시면 제가 다 하겠습니다."라고 이야기하죠. "어떻게 할 거예요?"라고 질문하면, "잘하겠습니다."라고 답변할 확률이 99% 정도일 거고요. 이 말은 열정은 있지만 어떻게 할지 구체적인 계획, 경험, 지식, skill은 아직 없기에 빨리 배워서 하겠다는 의미입니다.

그런데 그들의 상황을 생각해 보면 이해가 갈 수밖에 없습니다. 조금 과장한다면, 수많은 스펙을 쌓으며 오랜 취업 전쟁에서 승리한 신입사원은 기대하던 회사에 취직이 되어 이제부터 TV에서 보던 주인공들처럼 탁월한 성과를 내면서 인정받고자 하는 욕

망이 큽니다. TV 속에서는 신입사원들이 내는 아이디어가 채택되고, 그들이 임원진 앞에서 PT를 하고, 현장에서 재고를 다 팔아치웁니다. 심지어 무너져가는 대기업을 신입사원들이 일으켜 세우기도 합니다. 그런데 실전에서 신입사원들은 일단, 실무 경험이 없습니다. 아니 많이 부족합니다. 고기도 먹어본 사람이 안다고 하는데, 신입사원들은 우리 부서에서 이 일을 어떻게 하는지를 모르는 경우가 대부분이죠. 보고서를 어떻게 작성하는지, 고객조사는 어떻게 하는지, 고객조사를 바탕으로 전략과 아이디어는 어떻게 뽑아내는지, 누구와 협업해야 하는지, 과거에 어떻게 했었는지, 결재는 어떻게 받는지, 회의는 어떻게 진행되는지, 회의 전에 무엇을 준비해야 하는지, 해도 되는지, 하면 안 되는지와 같은 사항 외에도 100만 가지에 대해서 말입니다. 그래서 신입사원은 묻고 배워야 할 것들이 너무 많습니다. 모르기 때문에 가장 좋은 것도 있는데요. 그것은 바로 '가장 많이 물어봐도 되고, 가장 많이 실수하고 실패해도 되는 시간'이라는 의미입니다. 이 장점을 잘 활용할 수 있는 방법을 몇 가지 공유하겠습니다.

신입사원이 일을 잘하기 위해 주변 선배와 동료들을 활용하는 방법입니다.

**첫째, 구체적으로 가르쳐 달라고 요청한다.**

둘째, 중간중간 피드백을 하며 수정한다.

셋째, 칭찬을 많이 요청한다.


## 구체적으로 도움을 요청하는 법


**첫째, 일에 필요한 tool 사용법에 대해 배워야 합니다.**

가장 기본적으로 컴퓨터, 프로그램(ppt, 엑셀, ms 등)과 회사 시스템을 알아야 합니다. 대부분 문서 만드는 스킬은 잘 알지만, 보고서 작성하는 법은 전혀 모르더라고요. 대학교에서 pt 하듯이 보고서를 작성하는 경우도 많이 있고요. 회사마다 다르겠지만 기안 문서, 결재 문서 등 관련된 서류 폼이 있는 경우가 있습니다. 이건 필수입니다. 슬랙이나, 구글 스케줄표 등 커뮤니케이션 도구에 대해 알려줘야 하고, 회사에서 자주 사용하는 회의실 잡는 법, 비품 신청 및 비품 사용하는 방법 등도 알아야 합니다. 그래서 선배와 동료들이 가르쳐 줄 때 간단하게 나만의 심플한 매뉴얼을 만들어서 두 번 묻지 않고 매뉴얼을 보면서 업무 수행하는 것을 추천합니다. 매뉴얼을 만들 경우 가장 좋은 것은 내 후배가 들어왔을 때 가르쳐 줄 수 있는 나만의 콘텐츠와 강의안이 이미 준비되어 있게 된다는 것이죠. 그리고 이 매뉴얼을 통해 팀에서 후배를 가르쳐준 선배, 똑똑한 동료로 브랜딩할 수 있게 됩니다.

**둘째, 일하는 방식에 대해 배워야 합니다.**

일하는 방식을 배운다는 것은 tool보다 조금 더 난이도가 있습니다. 실제 업무를 할 때 구체적으로 방법을 물어봐야 한다는 것인데, 예를 들어 고객조사를 하게 된다면 우리 고객은 누구인지, 어디에서 어떤 방식으로 고객조사를 하는지, 결과물은 어떻게 정리해야 하는지, 얻고자 하는 결론은 무엇인지, 그리고 고객조사를 하는 이유와 목적은 무엇인지 알고 있어야 내가 그대로 실행할 수 있겠죠. 가능한 한 디테일하게 학습할 수 있으면 좋습니다.

**셋째, 사람에 대해 배워야 합니다.**

신입사원들이 자주 하는 실수에는 무엇이 있을까요? 저는 함께 일하는 구성원들과 어떻게 소통하고 어떤 주제로 이야기해야 할지 몰라서 하지 말아야 할 말과 행동들을 하는 경우가 생각납니다. 좋은 소통 방식은 상대에게 맞추는 것입니다. 함께 일하는 동료와 선배들이 어떤 경험과 경력, 강점과 약점을 가지고 있는지, 듣는 사람인지 아니면 읽는 사람인지, 두괄식으로 소통하는 걸 선호하는지, 히스토리까지 구체적으로 설명 듣는 것을 좋아하는지, 어떤 행동 어떤 대화를 좋아하거나 싫어하는지 등에 대해서 물어보고 확인해야 합니다. 조직에서 팀워크로 일하려면 서로에 대해 얼마나 잘 알고 있고, 서로가 서로에게 얼마나 잘 맞추는지가 중요합니다. 즉, 서로의 관계가 팀워크를 좌우합니다. 서로에게 맞추려면 가장 기본 전제가 되는 것은 바로 '그는 어떤 사람인가?'라는 정보의 습득이고요.

**넷째, 팀의 과거 히스토리를 배워야 합니다.**

히스토리는 크게 2가지입니다. 하나는 조직의 히스토리입니다. 우리 조직의 비전부터 시작해서 어떤 과업들을 수행해 왔는지 등에 대해서 알게 된다면 조금은 더 빨리 적응할 수 있고, 일을 할 때 기준이 잡히기도 합니다. "우리 팀의 목적은 무엇인가요?", "우리 팀의 목표는 무엇인가요?", "우리 팀의 고객은 누구이고, 그 고객은 우리 팀에게 어떤 기대를 하고 있나요?"를 물어보는 것이죠. 두 번째는 과업의 히스토리입니다. 지금 하고 있는 과업의 시작은 무엇 때문이었는지, 작년 혹은 재작년에는 어떻게 진행되었고 어떤 기록이 남겨져 있는지, 시점 또는 상황별로 어떤 사례들이 있는지에 대해 공유받아야 합니다. 그래야 실수를 반복하지 않고, BP(모범사례)는 따라 하면서 성공을 반복하도록 하는 것입니다. 팀장님이나 선배, 동료들에게 "혹시 이 과업에 대해 참고할 만한 자료나 사례들이 있을까요? 있으면 학습할 수 있게 공유 부탁드릴게요."라고 표현해 보기를 추천합니다.

**다섯째, Don't list입니다.**

마지막으로 종합적인 Don't list를 물어봐야 합니다. 조직마다,

팀마다 중요하게 여기는 가치가 있습니다. 그와 반대로 절대 하지 않아야 하는 규칙이 있기도 하고요. 만약 시간을 절대 엄수해야 하는 조직, 리더와 함께 일한다면 그것만큼은 준수하도록 꼭 확인해야 합니다. 회의 시에 부정적인 표현, 다른 사람의 의견을 비판하는 것이 금지되어 있는지, 개인의 의견을 솔직하게 이야기해야 하는 문화인지, 약속한 데드라인을 절대 넘겨서는 안 되는지 등등 규정되어 있는 Don't list를 알려줘야 합니다. 아무리 일하는 태도와 마인드가 좋아도, 조직에서 Don't list를 어기면 좋지 않은 평가를 받게 되니까요.

예를 들어 저는 하기로 한 일을 하지 못하게 되었을 때는 그 즉시 공유해 달라고 요청합니다. 일을 못 할 수는 있지만, 소통을 놓치는 일은 없어야 한다고 강조하는데요. 다시 말해 저에게 있어서 중요한 가치는 '적시에 소통하는 것'이죠. 그래야 팀으로서 상황을 파악하고 사전에 대응할 수 있으니까요. Don't list는 팀장의 리더십 스타일이나 조직 문화에 따라 다를 수 있기 때문에 사전에 확인하고, 함께 지키고자 노력해야 합니다.

## 신입사원이 일 잘하는 방법 '중간 피드백'

직장의 많은 상사들은 신입사원에게 중간 피드백은 꼭 필요한 핵심 스킬이라고 생각합니다. 어쩌면 조금 깐깐하다 싶을 정도로 받는 것이 좋죠. 왜일까요? 신입사원에게 아무리 구체적으로 업무 방법을 지시하더라도, 방향이 잘못될 가능성이 크다는 것을 많은 경험에서 얻게 되었기 때문입니다. 그렇다면 업무에 대해 피드백을 받을 때 무엇을 놓치지 말아야 할까요?

업무에 대한 피드백은 참 불편합니다. 직장 생활 20년 차인 저 또한 아직도 피드백을 받을 때마다 불편함을 느낍니다. 내 나름 노력했고 수고했지만 모든 결과가 기대만큼 나오는 것은 아니니까요. 그 과정에서 가장 중요한 것이 바로 피드백입니다. 이 과정을 통해 변화를 찾고, 그 과정을 돌아보며 나아진 것과 더 개선해야 할 부분을 찾을 수 있기 때문이죠. 피드백을 받을 때 먼저 전제해야 할 것은 '세상 모든 사람들은 인정받고 싶어 한다.'는 것입니다. 누구나 잘하고 싶고, 성과를 내고 싶지 자신이 하는 일을 망치고 싶어 하는 사람은 없다는 의미입니다. 그런데 피드백이 나를 상처 입히는 도구가 된다면 그 시간을 회피하려고 하겠죠. 그래서 피드백이 진정성을 가지기 위해서는 상처가 아닌 '성장'이라는 관점에서 접근해야 합니다. 이때 꼭 놓치지 말아야 하는 것이 있습니다.

1) 목표 대비 결과는?
2) 결과가 나오는 과정에서 잘한 것과 개선할 것은?

이 두 가지는 가장 기본적인 피드백 사항입니다. 이때 개인이든 조직이든 자신의 성공들을 많이 노출하게 되죠. 그 외에 우리가 자주 놓치는 부분을 체크해야 합니다.

3) 예기치 않았던 성공은?
4) 예기치 않았던 실패는?

예기치 않은 성공과 실패는 우리 일에서 비일비재하게 나옵니다. 아무리 전문가라 할지라도 통제하지 못하는 외부 요인은 있을 수밖에 없거든요. 이 두 가지 질문이 피드백에서 필요한 이유는 '다음 계획에 반영하기 위해서 무엇을 해야 할까?'라는 질문으로 연결할 수 있기 때문입니다. 그래야 우리가 예기치 못했던 변수들을 다음 업무 계획을 할 때 조금이라도 반영할 수 있거든요. 또한 피드백을 할 때 가장 많이 놓치는 것 2가지도 있습니다.

5) 하기로 했는데 하지 못한 것은 무엇인가?

6) 이 기간 (과업을 하면서) 이전보다 성장했다고 생각되는 부분은 무엇인가?

평가 피드백을 되돌아보면 많은 조직에서 실패를 드러내지 않고, 성공만 노출한다는 이야기를 많이 합니다. 처음 계획하고 합의했던 목표와 레벨도 어느 순간 달라져 있는 경우도 많고요. 이유는 '인정받고 싶다.'는 마음에서입니다. 그런데 피드백은 인정뿐만이 아니라, 더 성장하기 위해서 필요합니다. 피드백의 단 하나의 목적은 이전보다 더 나은 나를 만들어 가자는 의미입니다. 그래서 불편하지만 내가 일했던 과정과 결과에 대해 다른 사람(팀장 또는 선배, 동료)의 이야기를 듣는 것이죠.

## 피드백을 대하는 바람직한 자세

우리가 흔히 생각하는 피드백은 긍정적이기보다는 부정적인 의미를 담고 있는 경우가 많습니다. 상사가 부하 직원에게 지적하는 것, 부족함을 알려주는 것, 목표에 미달한 것, 기댓값을 미달성한 것 같은 주제들이 보통의 피드백 내용들이죠. 학교와 직장

생활의 가장 큰 차이가 바로 '피드백'의 유무입니다. 학교에서는 공부를 잘했었는데 회사에 와서 빠른 시간에 일머리 없는 사람이 되는 신입사원들을 많이 봐왔습니다. 좋은 대학을 나와도, 머리가 좋아도 어느 순간 성장이 멈추고 일을 못하는 C Player가 되어 버리는 사람들 말이죠. 그런 사람들의 공통점을 뽑으라면 단 하나, 피드백을 하지도 않고 듣지도 않는다는 것입니다. 주기적으로 열리는 성과 평가 피드백 미팅이나 다양한 프로젝트에서 프레젠테이션을 할 때마다 여러분은 경영자나 리더로부터 다양한 피드백을 받게 됩니다. 그럴 때마다 기분은 어떨까요? 절대 좋을 리가 없습니다. 지금까지 공부와 성적에서 탁월함이 있었고, 가정에서도 부모님으로부터 기대를 받고 있었던 시간이 더 많았을 테니 말이죠. 하지만 직장에서의 모든 말과 행동, 일은 다 피드백의 대상이 된다는 것을 꼭 기억해야 합니다.

제가 전 회사에서 근무할 때 경영자 컨설팅을 받은 적이 있습니다. 3개월 정도 되는 기간을 준비했던 것 같은데요. 그룹의 사장단 교육을 준비하고 그 계획을 CEO께 보고하는 자료를 만들고 있었습니다. 교육 기획안이라고 할 수 있겠네요. 저는 컨설팅이 끝나길 내심 기대하고 있었습니다. 3개월이라는 시간 동안 그룹의 모든 사장단을 만나서 인터뷰하고, GE와 삼성 그룹의 경영자 학습과 중국 공산당 최고 간부들이 어떻게 성장하고 학습하는지 스터디를 하며 정리한 내용, 그리고 CEO가 기존에 생각하시던 가치관을 바탕으로 준비한 보고서였으니까요. 그런데 컨설팅이 끝나고 부회장님과 함께 컨설팅 들어가신 임원분들과 피드백 회의를 하는 시간에 분위기가 그리 좋진 않더라고요. 결론적으로 컨설팅은 꽝이었습니다. CEO가 원하는 사장단 교육 방식이 아니었다는 것을 듣게 되었거든요. 컨설팅을 들어갔던 리더는 많은 지적을 받았고, 수많은 질문에 제대로 된 답변을 못하고 나오셨다고 하시더라고요. 그리고 컨설팅 때 있었던 이야기들을 하나하나 알려주시며 어떻게 다음 컨설팅을 준비할 것인지에 대한 토론이 시작되었습니다.

그때 저도 모르게 그냥 툭, 이런 말을 하게 되었습니다. "CEO가 원하시는 방향과 문제를 구체적으로 알았으니까 이제 해결하면 될 것 같습니다." 어떻게 보면 건방진 이야기일 수도 있겠지만, 부회장님도 다른 임원분들도 제게 많은 발언권과 주도권을 주셔서 저도 하고 싶은 말을 편하게 하는 문화였기에 할 수 있었던 표현이었습니다. 그런데 그 말이 다른 리더들에게는 의미가 다르게 전해졌나 봅니다. 나중에 들은 이야기지만 그때 제가 했던 그 말로 마음이 조금 편해지셨다고 하셨거든요. 제가 회사에서 배운 학습 방식은 문제가 보이면 어떻게 해결할지를 먼저 고민하고 현실적이고 구체적인 실행 방법을 가지고 바로 실행하는 것이었기 때문에 그런 말도 쉽게 할 수 있었습니다. 물론 그 뒤로 10번의 컨설팅을 거쳐 11번째 컨설팅에서 겨우 통과했고, 그 과정에서 가장 많은 학습을 하고 성장한 사람은 피드백을 받은 저였습니다. 수많은 외부 사례를 찾고, 각 계열사의 대표이사들을 미팅하며 사장으로서 갖춰야 할 지식과 경험, 사장이 되기 전에 미리 학습해야 할 지식을 인터뷰할 수 있었거든요.

결국 피드백의 목적은 2가지입니다. 하나는 조직 관점에서의 목적이고, 다른 하나는 개인 관점에서의 목적입니다. 조직 관점에서는 우리가 추구하는 공동의 목표를 달성하기 위해 가장 좋은 방법을 찾자는 것이고, 개인 관점에서는 이 과정에서 개인이 새로운 지식과 경험을 학습하며 다양한 방식으로 일하자는 것이죠. 이 두 가지의 목적을 얻을 수 있다면 어떤 피드백이든 솔직하게 주고받아야 합니다.

### 깨달음 1. 실패가 아닌 해결의 관점을 갖기

피드백을 대하는 올바른 자세는, '그 문제(나의 부족함, 실수, 실패)를 이제 해결하면 되는구나.'라고 생각하는 것입니다. '이제 문제를 알았으니 해결하면 되겠네.'라고 편하게 생각하는 것이 가장 스트레스를 덜 받는 방법이 되지 않을까요. 어찌 되었든, 지금은 부족해서 교정적 피드백을 받았지만, 이는 실패한 것이 아니라 다음을 준비할 수 있는 기회를 얻은 것이니까요. 만약 다음 기회를 주지 않으려고 했다면, 그냥 나가라고 하지 부족한 부분에 대해 그렇게 많이 교정적 피드백을 주지는 않았을 거잖아요. 다른 부분은 조금이라도 마음에 들었다는 반증 아닐까요?

### 깨달음 2. 피드백을 성장의 기회로 바라보기

피드백이 나에게 전달되었다는 것은 나에게 아직 기회를 주고 있다는 의미입니다. 이번에 부족한 부분을 채운다면 그 문제는 해결되는 것이고요. '가장 무서운 것은 무관심'이라는 말이 있죠. 피드백은 누구에게든지 받을 수 있습니다. 아니 피드백이 없다면 나에게 그 누구도 기대를 하지 않고 있다는 의미입니다. 회사에서 상사나 리더에게 받을 수도 있고, 동료들에게 받을 수도 있습니다. 가정에서 배우자나 자녀에게 받을 수도 있고, 친구에게 받을 수도 있습니다. 어쩌면 나 스스로 나의 부족한 부분을 인지하고, 인정하고, 지적할 수도 있습니다. 지적을 받았다고 내가 부족하다고 여기면 안 됩니다. 중요한 것은 부족함을 인정하고 해결한다면 성장할 수 있다는 믿음입니다. 이제 부족한 부분을 알았으니까 우리 모두 부족한 부분을 채우러 가볼까요? 피드백을 조금은 즐겁게 바라보는 여유를 가져보면 좋겠습니다. 그것만 해결하면 조금 더 성장할 수 있고, 잘할 수 있게 될 거라 믿으면서 말이죠.

보통 피드백에는 4가지 종류가 있는데, 잘하고 성과 낸 것에 대한 지지적 피드백(인정, 격려, 칭찬)과 부족한 것에 대한 발전적 피드백, 모욕감을 느끼게 되는 학대적 피드백 그리고 나에게 아무런 영향을 주지 못하는 무의미한 피드백이 있습니다. 이 중에서 우리가 고민해야 할 부분은 바로 지지적 피드백과 발전적 피드백입니다. 성장을 위해서는 발전적 피드백이 꼭 필요하지만 성공을 위해서는 인정, 격려, 칭찬으로 이어지는 지지적 피드백도 많이 필요하다는 것을 기억하면 좋겠습니다.

## 좋은 피드백을 위한 요소

그럼 피드백에서 가장 중요한 것은 무엇일까요? 좋은 피드백이 되기 위해서는 우선 목표를 설정해야 합니다. 바라보는 방향과 속도를 정해주는 기준이 필요하다는 이야기입니다. 즉, 아무것이나 피드백을 하는 것이 아니라, '구체적인 목표를 달성하기 위해 의도적으로 계획했던 행동'을 피드백한다는 의미입니다. 목표가 주어졌다면 당연히 계획이 있겠죠? 이때 세부 실행 목표 또는 가설이라고 부르는 작은 목표가 발생합니다. 'a를 하면 b가 될 거야.'처럼 말이죠. b는 결과이고 a는 행동이 됩니다. 그런데 일상 속에서 피드백을 하라고 하면 내가 한 것을 기술하는 경우가 많습니다. 열심히 노력해서 ○○○을 달성했다는 거죠. 이유는 무엇일까요? 간단합니다. 피드백이 평가의 도구로 활용되고 있기 때문입니다. 즉, 내가 열심히 노력한 것은 어필하고, 실수하거나 실패한 것은 노출하지 않으려는 버그가 여기에서 발생합니다. 놓치고 있는 부분은 바로 여기입니다. 우리가 기술하는 내용들은 대부분 우리가 이미 인지하고 있는 내용들입니다. 나도 알고, 리더도 알고, 동료들도 알고 모두가 알고 있다는 의미이고, 이후에도 누구든지 비슷하게 할 수 있다는 의미죠.

그래서 피드백을 받으면 이 질문에 대해 반드시 생각해 봐야 합니다. '이 피드백을 통해서 나에게 기대하는 행동, 일하는 방식의 변화는 무엇일까?' 피드백은 성장을 위한 도구입니다. 피드백은 평가 이후 얼마나 더 나은 모습으로 성장할 것인가를 발견할 수 있도록 도와주는 도구입니다. 그렇게 하기 위해서 가장 중요한 것은 이번에 하지 못한 것을 찾고, 드러내고, 인정하고 그 원인을 찾는 것입니다. 피드백이 어렵고 힘든 이유는 이 부분 때문입니다. 나의 부족한 부분, 내가 잘하지 못한 부분을 스스로 드러내고 인정해야 하거든요. 이것을 자연스럽게 할 수 있다면 조금은 더 성장할 수 있을 것입니다.

그리고 평가, 피드백, 피드포워드를 구분해야 합니다. 평가는 잘했는지 못했는지를 판단하는 것으로 등급을 매기는 활동을 의미합니다. 주로 리더가 구성원의 결과물을 가지고 진행하죠. 피드백 또한 잘했는지 못했는지를 판단하지만 평가와 다른 점은 결과보다 행동에 초점을 맞춘다는 것이죠. 그래서 결과가 좋든 나쁘든 과정에서 잘한 행동과 개선이 필요한 행동이 나옵니다. 피드포워드 또한 피드백처럼 행동에 초점을 맞추고 있습니다. 하지만 한 가지 피드백과 다른 점은 바라보는 시점이죠. 피드백은 과거의 행동과 일하는 방식에 대한 평가라면 피드포워드는 미래 기대하는 행동과 일하는 방식에 맞춰져 있습니다. 평가와 피드백, 피드포워드 중 더 좋고 나쁜 것은 없습니다. 중요한 것은 이 차이를 이해하고 사람과 상황에 맞게 잘 사용하는 것이 필요한 거죠.

**[ DAILY / WEEKLY 피드백 도구 ① 본.깨.적 ]**

| | |
|---|---|
| 오늘 본 것 | 1.<br>2.<br>3. |
| 깨달은 것 | 1.<br>2.<br>3. |
| 적용할 것 | 1.<br>2.<br>3. |
| 감사 제목 | 1.<br>2.<br>3. |

## [ MONTHLY / QUARTLY 피드백 도구 ② AAR-After Action Review ]

| | |
|---|---|
| 얻고자 한 것 (목표) | |
| 얻은 것 (결과) | |
| 좋았던 점 (잘한 점) | |
| 보완할 점 | |
| 적용할 점 | |

# 2

## 성과를 제대로 알아야 성과를 만든다

### 성과, 직장인이라면 반드시 알아야 할 개념

스포츠나 게임을 할 때, 규칙을 아는 것과 모르는 것은 엄연히 다릅니다. 축구장에서 손을 쓰면 안 되듯, 직장 생활에서 알아야 하는 법칙도 반드시 있기 마련이죠. 직장인이라면 직장에서의 '게임의 룰'을 먼저 이해해야 합니다. "직장은 어떤 곳일까요?", "직장인으로서 가장 중요한 책임은 무엇일까요?", "직장에서 어떻게 행동해야 인정받을 수 있을까요?" 다양한 질문이 있을 수 있겠지만, 첫 번째 과정은 주요 개념에 대한 명료한 정의입니다. 우리가 알고 있다고 생각하는 단어를 다시 돌아볼 때, 기존에 보이지 않았던 것을 볼 수 있기 때문입니다.

예를 들어, 제가 만난 팀원 중에서 "팀 내 커뮤니케이션이 왜 필요한가요. 저에게 주어진 일만 잘하면 되는 게 아닌가요?"라고 말하는 분이 있었습니다. 실제로 제한된 관점에서, 주어진 업무는 열심히 한 편입니다. 본인이 필요하다고 생각하는 영역에 대해선 말이죠. 하지만 결과적으로 저는 높은 평가나 긍정적인 피드백을 드리기가 어려웠습니다. 왜냐하면, 서로 인식하고 있는 '성과'에 대한 정의가 달랐기 때문이죠. 제가 생각하는 성과에 대해서 몇 차례 설명을 드렸지만, 얼마나 이해가 되었는지는 모르겠네요. 서로 간 인식의 차이를 좁히기 위해 노력하는 것은 그래서 중요합니다.

만약, 여러분이 주어진 업무 그 자체만 잘하면 된다고 생각하면, 어떻게 될까요? 일을 둘러싼 맥락이나 협업 태도, 그리고 리더와의 우선순위 얼라인Align에 대해선 그다지 주의를 기울이지 않을 수 있습니다. 앞서 언급한 팀원의 행동도 그랬습니다. 팀 입장에서 우선순위를 재조정해서 공유했음에도 불구하고, 스스로 판단한 우선순위로 다시 업무를 처리하는 것이 반복되었습니다. 다시 말해, '**선택적 주도성**'을 발휘한 것이죠. 그렇게 기본적으로 기대하는 것들이 채워지지 않았기에, 업무 과정 역시 신뢰하기 어려워졌고, 더 디테일한 지적이 이뤄지는 등 악순환이 시작되었습니다.

같은 팀이라면, 동일한 규칙 내에서 게임을 해야 하는데 그렇지 않은 것이죠. 그런 상황에선 서로 시너지를 내고 팀으로서 탁월한 결과를 내는 것도 어렵습니다. 우리에게 중요한 것은 '게임의 룰'을 익히고, 서로의 차이를 좁혀 나가는 것입니다. **이왕 게임을 시작했다면, 제대로 경험치를 쌓고, 스킬을 높이고, 레벨업을 해야 하지 않을까요?** 그렇다면, 첫 번째로 성과를 이해해야 합니다. 과연 '성과'란 무엇일까요? 여러분은 성과를 어떻게 정의하고 있나요? 다양한 관점으로 한번 살펴보고자 합니다.

## 성과의 반대말은 실적이다

인간은 본래 자기중심적으로 바라보고, 생각하고, 판단하는 경향이 있습니다. 하지만 아무리 좋은 제품을 만들어도 고객이 구입하지 않는다면, 그것은 성공적인 제품일까요? 그렇지 않습니다. **이처럼 성과의 판단 기준은 내가 아니라 철저히 상대방입니다.** 고객이 될 수도 있고 상사가 될 수도 있습니다. 그것이 무엇이든, 외부의 시각에서 생각하려는 자세가 중요합니다. 스스로 돈을 벌어본 사업가나 자영업자들은 이러한 본질을 좀 더 빠르게 알아차리는 반면에 직장인들은 상대적으로 고객과의 거리가 멀다 보니 쉽게 인지하지 못하기도 합니다.

**상대방의 관점을 다른 말로 표현하면, '기대'입니다.** 고객의 기대를 만족시키거나 뛰어넘는 것이 모든 회사들의 궁극적인 목표라고 볼 수 있죠. 책 『성과 관리』에서 류랑도 컨설턴트는 성과를 '기대한 목표가 달성된 상태'로 정의합니다. 성과 관리를 말하기 위해선 반드시 사전에 기대 관리가 이뤄져야 하죠. 성과 관리뿐만 아니라 평가도 마찬가지입니다. '최초 설정된 기대나 목표가 무엇이었는지?'를 기준으로 평가가 이뤄져야 함에도 불구하고, 대부분의 조직에서는 지난 1년 동안 무엇을 성취했는지 최종 결과만 놓고 이야기할 때가 많죠. 실은 기대를 합의하고 얼라인하는 시점이 성과 관리에서 가장 중요한데, 대부분 이것을 간과하기 쉽습니다. 그러다 보니 괜히 팀원들 줄 세우기에 바쁘죠.

성과의 반대말은 무엇일까요? 물론 '실패'라고 말하는 것이 일반적이겠지만, 여러분께 '본인 관점의 결과물'이라고 한번 생각해 보는 것을 권합니다. 류랑도 컨설턴트는 이를 '실적'이라고 부릅니다. 비슷한 단어처럼 보이지만 성과와 실적을 구체적으로 구분하자면, **성과는 수요자(고객)가 기대하는 목표가 달성된 상태이지만, 실적은 실행자인 자신이 만들어낸 결과물의 총합입니다.** 차이점이 느껴지시나요? 결과물이란 관점에서 실적과 성과는 동일합니다. 하지만 '그것을 판단하는 주체'가 누구인지, 그리고 '무엇을 기대했는가'의 관점에선 두 단어의 지향점이 달라집니다. 수요자 관점이 성과이고, 실행자 관점이 실적입니다. 물론 둘 다 필요하지만, 우리는 고객 중심 사고처럼 수요자 관점이 더 요구되는 세상에 살고 있습니다.

실적 중심의 사고방식은 '인과 관계'를 흐리게 만드는 단점도 있습니다. 김용진 대표도 책『경영학 사용설명서』에서 성과와 실적을 구분하는데, 특히 저절로 혹은 우연히 생기는 실적을 주의해야 한다고 강조합니다. 특별한 노력 없이 유지만 해도 만들어지는 실적도 있고, 나의 노력과 상관없이 외부 환경이 달라져서 따라오는 실적도 있습니다. 그러한 실적을 모두 성과라고 정의한다면, 그 회사의 문화나 일하는 방식은 어떻게 될까요? 이러한 맥락을 감안하면, 성과를 도출하기 위해서는 '그저 일을 열심히 하는 것'이 아니라 '어떤 일을 언제까지, 어떤 퀄리티로 할지'를 사전에 충분히 커뮤니케이션할 필요가 있습니다. 물론 상대방은 리더일 수도 있고 고객일 수도 있지만, 그것이 누구든 **상대방이 원하는 결과물을 끊임없이 생각하고 커뮤니케이션하는 사람과 그저 눈앞에 주어진 일만 열심히 하는 사람은 일의 태도와 방식, 나아가 결과가 달라질 수밖에 없겠죠.**

## 성과는 소통과 신뢰 위에서 꽃핀다

성과 중심적 업무 방식과 실적 중심적 업무 방식의 큰 차이점은 무엇일까요? 바로 지속적인 소통과 신뢰의 누적입니다. 상대가 원하는 결과물을 만들기 위해 노력하다 보면, 지속적으로 진행 과정을 소통하고 피드백을 요구하게 됩니다. 그 과정이 쌓이면, 상대방 입장에선 일의 결과물뿐만 아니라 일하는 과정에서도 신뢰가 쌓이게 되는 것이죠. 류랑도 컨설턴트는 책 『일하기 전, 일하는 중, 일을 끝낸 후』에서 우리에게 다음과 같은 질문을 던지는데요. 한번 생각해 볼 만합니다.

여러분이 리더라면 어떤 팀원과 일하고 싶은가요?

1) 업무가 주어지면 중간보고 없이 그 업무가 끝날 때 몰아서 보고하는 팀원
2) 업무가 주어지면 중간중간에 진행 상황을 자세히, 자주 공유하는 팀원
3) 해야 할 업무를 (시키지 않아도) 알아서, 적기에, 만족스러운 수준으로 하는 팀원

**성과 중심적으로 일을 했을 때, 보다 명확하게 회고할 수 있습니다.** 처음 기대했던 목표에 얼마나 도달했는지, 무엇이 효과적이고 무

엇이 효과적이지 않았는지를 살피고, 궁극적으로 무엇을 배웠는지 익힐 수 있게 됩니다. 그 기준이 명확하지 않을 때는 회고 역시 흐리멍덩하게 진행될 수밖에 없고, 결국 자신의 느낌과 직감에만 의존하게 됩니다. 그렇기에 본인의 성장을 위해서라도, 성과를 제대로 정의해야 하겠죠. 저는 팀원들과 팀을 구성할 때, 그라운드 룰을 만들고 팀원들에게 강조하는 자세가 있습니다. 바로 약속을 지키는 것, 그리고 약속과 관련한 소통 방식인데요. 이것은 의외로 역량의 문제가 아니라 의지와 관점의 문제입니다. 그라운드 룰은 다음과 같습니다.

"여러분께 제가 기대하는 바를 더 명확하게 커뮤니케이션하고자 합니다. 여러분도 명확하지 않은 것이 있다면 저에게 먼저 말해 주시기 바랍니다. 서로 간에 무엇을 기대하는지 명확해야, 좋은 과정과 결과가 따라온다고 믿습니다. 이때 중요한 규칙이 하나 있습니다. 하기로 약속한 것은 꼭 진행해 주시되, 혹시 피치 못할 사정으로 못 하게 된다는 것을 알았을 때, 그 시점에 즉시 커뮤니케이션하시는 겁니다. 예를 들어, 채용 인터뷰 프로세스 개선을 금요일까지 해주신다고 하신 상황이라고 가정하겠습니다. 목요일 오전만 하더라도, 남은 시간에 몰입하면 충분히 할 수 있겠다고 판단했지만, 목요일 오후에 갑작스러운 업무로 인해서 금요일까지 완료할 수 없다고 판단된다면 그 시점에 즉시 저에게 말씀해 주시기 바랍니다. 그렇다면, 저는 전체적인 맥락을 고려하여 우선순위를 재조정하든, 아니면 데드라인을 조정하도록 할 예정입니다.

하지만 만약 그러한 커뮤니케이션 없이 금요일이 되어서까지 약속한 결과물이 나오지 않는다면, 앞으로 더 많은 신뢰의 비용이 들어갈 수밖에 없습니다. 자칫 잘못하면 악순환이 시작될 수도 있고요. 제가 말하고자 하는 바는, 저희는 한 팀이고 서로가 서로의 결과물에 대해서 (나쁜 의미로) 놀라지 않아야 합니다. 그 기본적인 룰은 단순합니다. 약속을 지키고, 약속을 못 지킬 때는 그 즉시 커뮤니케이션하는 것입니다. 그리고 물론 좋은 의미로 놀라게 해주시는 것은 늘 권장합니다. 나쁜 소식은 실시간으로 공유하되, 좋은 소식은 천천히 원하실 때 공유해 주셔도 좋습니다.”

## 일잘러는 일을 바라보는 관점이 다르다

저는 '일을 잘하는 것'과 '일을 잘하기 위해서 필요한 일'을 구분합니다. 물론, 주어진 일을 잘하는 것만 하더라도 쉬운 것은 아닙니다. 조직에 처음 적응해야 하는 신입사원 입장에선, 실수 없이 업무를 처리하는 것만으로도 충분히 버거울 수 있습니다. 하지만 그저 일을 잘하는 것과 일을 둘러싼 맥락을 감안하며 일하는 것은 큰 차이가 있습니다. 그중 하나는 '에너지 레벨'입니다. 예를 들어, 아무리 일을 잘 처리하더라도 자주 부정적인 말을 하거나 힘든 티를 내는 팀원이 있을 수 있습니다. 물론 팀원 입장에선 어렵거나 답답한 상황이기 때문에 그렇게 표현하는 것이 이해되기도 합니다만, 상황이 반복되면 리더 입장에선 아무래도 매니징이 힘들다는 인식을 갖게 됩니다. 개인적으론 1:1 미팅을 하면서 에너지를 높이고자 여러 번 노력했지만, 해당 팀원의 에너지 레벨은 계속 낮았고, 결국 일을 어떻게 하느냐와 관계없이 저는 아쉬운 피드백을 할 수밖에 없었습니다. 업무뿐만 아니라, 팀 전반적인 사기를 좌우하는 것이 일을 둘러싼 맥락이고, 그러한 분위기를 살피는 사람과 그렇지 않은 사람은 다를 수밖에 없는 것이죠.

또 다른 예시로, 다른 팀의 동료와 마찰이나 갈등을 겪게 되는 경우를 가정해 봅시다. 불필요한 갈등을 피하고, 그저 주어진 조직 구조 안에서 최대한 업무적으로 대응하는 경우도 있습니다. 반대로 누가 시키지 않았음에도 적극적으로 찾아가서 대화를 시도하거나, 혹은 별도로 식사를 하면서 감정적인 어려움을 나누고 친밀함을 쌓는 경우도 있습니다. 직무 기술서에 정의한 역할이나 책임만 놓고 보자면, 군이 불편함을 무릅쓰고 다른 팀 동료와 소통을 시도할 이유는 없습니다. 하지만 어차피 궁극적인 성과를 내는 데 있어서 다른 팀의 협조가 불가피하고 당분간 함께할 수밖에 없다면 어떨까요? 그러한 역할도 본인의 것으로 여기고 해결하는 것이 '맥락'을 고려하는 관점입니다. 신뢰의 속도라는 말이 있듯, 아무래도 서로 관계가 원활하고 신뢰가 쌓여야 협업 속도나 성과 창출에도 도움이 되니까요.

1단계: 기대하는 일을 잘한다.

2단계: 일을 잘 하기 위해서
필요한 일을 기꺼이 찾아서 한다.

이처럼 일의 맥락을 고려하며 일한다는 것은 관점을 높이려는 시도입니다. **본인이 자리한 위치가 아니라, 한 단계 위의 위치에서 업무를 바라보길 바랍니다.** '나'라고 말하기보다는 '우리 혹은 팀'이라고 말하고, 개인의 업무보다 팀의 우선순위를 더 신경 쓰고, 심지어 다른 팀과의 협업이 더 나아질 수 있도록 기여해보기 바랍니다. 그렇게 업무를 하다 보면 단순히 "이 사람은 주어진 일을 책임감 있게 한다."의 평을 넘어서 "이 사람은 주도적으로 업무를 하

나의 첫 커리어 브랜딩

고, 심지어 팀을 변화시키고 있다."라는 평을 듣게 될 것입니다.

　책 『하이 아웃풋 매니지먼트』에서 앤드루 S. 그로브는 관리자의 결과물이란 그가 관리하는 조직의 결과물과 그가 영향을 미치는 관련 조직의 결과물을 모두 포괄한다고 말합니다. 이러한 통찰은 리더가 과연 어디에 집중해야 하는지를 알려주죠. 결국, 직책이 높아진다는 것은 본인의 업무를 둘러싼 맥락을 잘 고려하고, 팀원들이 더 몰입하고 더 잘 소통할 수 있도록 환경을 만들어준다는 의미인데요. 스스로를 신입사원의 위치에 한정 짓지 말고, 더 높은 위치에서 바라보는 연습을 해보기를 권하고 싶습니다. **신입사원, 그리고 주니어로서 발휘할 수 있는 최고의 리더십은 좋은 팔로워가 되는 것이고, 좋은 팔로워로 훈련된 사람이 탁월한 리더가 되는 법입니다.** 그렇기에 여러분도 리더입니다.

1단계: 팀의 성과를 만든다.

2단계: 팀 성과에 영향을 미치는,
관련 부서의 성과에 영향을 미친다.

# 3
# 리더를 설득하는
# 셀프 리뷰 작성 가이드

## 숙제하듯 셀프 리뷰하는 신입사원들

- ○○ 관련 업무들을 혼자만 했었는데 인수인계를 했고, 이제는 2명의 다른 동료들과 나눠서 할 수 있어서 만족스럽습니다. 팀 동료들의 협조가 만족스럽습니다.
- 고객들이 기존 콘텐츠 콘셉트에 지쳐 있을 때, 다양한 시도를 위해 기존에 하지 않았던 인플루언서 인터뷰 같은 영상을 도전해보려고 했음! 현재 진행하고 있는 일, 그리고 진행 예정인 부분들에 대하여 공유하려고 노력함. 스스로 시간적인 부분에서나 관리 부분에 있어서 리스크 관리를 잘 운영하지 못한 느낌이라 보완 예정.

이 두 가지는 실제 기업에서 구성원들이 평가 시즌에 셀프 리뷰(SELF REVIEW, 특정 기간 동안 구성원이 자신의 성과와 결과물을 기록하여 스스로 성과를 평가하는 것)로 기록한 내용입니다. 이 기록을 보고 팀 매니저는 팀원의 1년 또는 반년을 보며 어떤 평가를 할 수 있을까요? 팀에 어떤 결과, 어떤 가치를 만들어 냈다고 판단할 수 있을까요?

직장인들에게 평가는 피할 수 없는 순간입니다. 그런데 많은 직장인들이 평가를 숙제하듯이, 아니면 많은 일 중 하나로 생각하며 밀어내기 식으로 기록하죠. 평가에 대한 가장 중요한 관점은 '평가는 우리 회사에서 가장 큰 기여를 한 사람이 누구인가?'를 판단하는 것입니다. 이 관점에서 구성원이 가져야 하는 평가에 대한 가치관은 '내가 조직에서 얼마나 중요한 사람인지?'를 브랜딩하는 것이죠.

**TIP 1** 평가를 바라보는 올바른 관점

1. **조직/리더**: 우리 회사, 팀에 가장 큰 영향을 주는 구성원은 누구인가를 찾아서 인정하는 것
2. **구성원**: 내가 어떤 가치를 지녔는지를 브랜딩하는 것

## 성과 관리 프로세스에 대한 이해

조직에서 일을 한다는 것은 개인의 지식과 경험을 활용해서 시간과 노력을 투자하여 특정한 결과물을 만들어 낸다는 의미입니다. 그럼 누가 일을 잘하는 구성원이 될까요? 결론적으로 '가치 있는 결과물'을 만들어 내는 구성원입니다. 그럼 가치 있는 결과물이란 어떤 결과물일까요? 먼저 성과 관리 프로세스를 이해할 필요가 있습니다. 성과 관리 프로세스란 조직이 가지고 있는 유한한 자원(돈, 시간, 사람, 장비 등)을 어디에 사용할 것인가를 결정하고 어떤 방식으로 운영할 것인가를 보여주는 일련의 과정을 의미합니다. 조직에서는 일반적으로 3가지의 프로세스로 운영하는데, 조직 목표 세팅, 개인 목표 세팅 및 실행 그리고 평가 피드백으로 구성되어 있죠.

[ 성과 관리 프로세스 ]

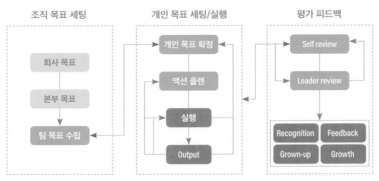

출처: 『원온원_일 잘하는 팀장의 대화력』

### 1) 조직 목표 세팅

회사와 본부, 그리고 팀 단위까지 목표를 얼라인하는 것으로 가장 작은 단위의 팀까지 회사의 목표에 기여할 수 있도록 합니다.

### 2) 개인 목표 세팅 및 실행

가장 작은 단위인 팀(또는 파트)의 목표와 구성원 개개인의 과업을 연결하는 것입니다. 팀의 목표와 개인의 과업이 얼라인되었다면 이제부터는 실행-결과물 확인-피드백 과정을 거치게 되죠.

### 3) 평가 피드백

마지막 단계는 평가와 피드백입니다. 일반적인 기업은 1년 또는 반년 단위로 진행하는 프로세스로 기간 동안 회사, 본부 그리고 팀과 개인이 어떤 결과물을 냈는지 기록하고 평가하는 것이죠.

성과 관리 프로세스를 통해 개인의 평가 기준이 어디를 향해야 하는지를 알 수 있습니다. 그럼 리더와 회사는 어떤 관점에서 평가하게 될까요? 리더와 회사가 바라보는 리뷰는 4가지 단계로 나뉩니다.

### 1) 개인의 성과 결과물은 무엇이고, 그 결과물의 기여도는 얼마인가?

조직에서 한 명의 개인이 만들어 낼 수 있는 결과물은 거의 없습니다. 다양한 구성원들이 함께 협업해서 하나의 결과물을 만들어 내게 되죠. 그래서 결과물을 통해 협업했던 구성원들의 성과를 함께 보며 누가 가장 큰 기여를 했는지 파악합니다.

### 2) 구성원 개인의 역량, 경험, 지식 그리고 전문성 레벨은 얼마인가?

동일한 결과물을 냈을 때 누구에게 더 좋은 평가를 주게 될까요? 그것은 바로 레벨이 낮은 구성원입니다. 3년 차와 10년 차가 동일한 결과물을 냈다면 당연히 3년 차가 더 큰 성과를 낸 것이라고 판단하는 것이죠. 이때의 기준은 경력, 직급과 직책 그리고 연봉이 될 수 있습니다.

### 3) 과업의 난이도는 어떠한가?

또 하나의 관점은 바로 난이도입니다. 같은 결과물이 나왔다고 하더라도 과업에 따라 난이도가 달라집니다. 동일한 매출이라 하더라도 '기존 상품을 활용한 매출'과 '신규 아이템을 활용한 매출'의 난이도가 다르고, 새롭게 진출한 채널이나 지역에서의 매출도 난이도가 다르죠. 리더와 회사는 과업 수행의 난이도를 보며 같은 결과물이라도 누구에게 더 좋은 평가를 줄 것인지를 정하게 되죠.

## 4) 성과 결과물이 팀과 회사에 어떤 영향을 주었는가?

마지막으로 가장 중요한 포인트는 '개인의 성과 결과물이 팀과 회사에 어떤 영향을 주었는가?'입니다. 성과 관리 프로세스의 첫 번째가 바로 조직의 목표 세팅이고, 이 목표를 세팅하는 이유는 조직의 유한한 자원들을 조직의 목표 달성에 최대한 활용하기 위해서이죠. 아무리 뛰어난 성과를 냈다 하더라도 이 결과가 조직의 성과 방향과 얼라인되지 않으면 좋은 평가를 받을 수 없습니다.

리더와 회사가 바라보는 관점에서 구성원의 셀프 리뷰는 다음 질문에 맞춰서 기록할 필요가 있습니다.

### Q1. 목표 대비 달성한 것은 무엇인가?

- 목표 대비 어떤 결과를 만들어 냈나?

- 어떤 과정을 통해서 만들어졌나?

- 그 결과물은 팀과 회사에 어떤 기여를 했나?

- 그 결과물은 이전과 비교해서 어떤 성장을 이루었나?

### Q2. 과정에서 전년과 달라진 나의 역량은 무엇인가?

- 긍정적으로 달라진 점은 무엇인가? (구체적인 행동)

- 하기로 했는데 하지 못했던 것은 무엇이었나? 그 장애물을 어떻게 해결

  했나?

- 새롭게 배우게 된 것은 무엇인가? 전보다 쉽게 하게 된 것은 무엇인가?

## 셀프 리뷰는 미래를 위한 대화

셀프 리뷰의 마지막 관점은 바로 리더와 회사가 '구성원에 대한 기대'를 품게 하는 것입니다. 방법으로는 다음 시즌에 내가 목표로 삼을 주제를 공유하고, 이를 위해 어떤 학습과 성장을 하겠다는 구체적인 계획을 기록하고 리더에게 브랜딩하는 것이죠. 이때 사용할 질문들이 있습니다.

Q1. 다음 시즌 목표는 무엇인가?

- 다음 시즌에 달성하고자 하는 목표는 무엇인가?
- 그 목표는 팀과 회사에 어떤 의미를 가지고 있나? 어떤 영향을 줄 수 있나?

\- 새롭게 도전하고 싶은 부분은 무엇인가?

## Q2. 다음 시즌 성장하기 위해서 어떤 노력을 할 것인가?

\- 잘하고 있는 영역 중에 더 강화하고 싶은 부분은 무엇인가?

\- 개선하기 위해 어떤 것을 보완해야 한다고 생각하는가? 구체적인 학습

계획은?

## Q3. 이 과정에서 스스로 해야 할 것과 리더의 지원이 필요한 부분은 무엇인가?

> **TIP 3** 셀프 리뷰의 마지막은 미래
>
> 1. 다음 시즌 내 목표는 무엇인가? 그 목표와 팀의 목표는 어떻게 연결되어 있나?
> 2. 그 과정에서 나는 어떤 성장과 학습을 계획하고 있나?

## 리더는 어떤 구성원에게 더 높은 평가를 줄까?

A: 고객들이 기존 콘텐츠 콘셉트에 지쳐 있을 때, 다양한 시도를 위해 기존에 하지 않았던 인플루언서 인터뷰 같은 영상을 도전해보려고 했음! 현재 진행하고 있는 일, 그리고 진행 예정인 부분들에 대하여 공유하려고 노력함. 스스로 시간적인 부분에서나 관리 부분에 있어서 리스크 관리를 잘 운영하지 못한 느낌이라 보완 예정.

앞선 예시를 다시 살펴봅시다. 위와 같이 자신의 1년을 기록한 A가 있습니다. 그리고 앞서 설명한 내용을 반영하여 아래와 같이 기록한 B가 있습니다.

B: 'NEW 마케팅을 통한 A급 프로덕트 5개 개발'이라는 팀의 목표를 달성하기 위해 과업을 수행함에 있어 주도적으로 B기업 이해관계자와 협업하며 고객사에서 원하는 3개의 새로운 프로덕트를 만들어 낼 수 있었습니다. 이때 만족했던 고객사가 재계약을 요청하면서 추가로 2년 매출을 확보할 수 있었습니다. 이러한 성과는 신규 시장 진입에도 긍정적 영향을 미쳐 팀 목표인 ○○억 매출 중 약 30%에 기여하였다고 생각합니다. C업무를 실시할 예정이었으나 예산 및 비용 등의 문제로

실시하지 못한 부분은 아쉬운 점입니다. 이 과정에서 제가 놓친 부분은 예산 컨펌이 나지 않았을 때 플랜 B를 준비했어야 하는데, 이 부분을 놓치고 하지 못한 것입니다. 현재는 예산 문제가 해결되어 6월 안으로는 개선 조치하여 계획을 합의하고, 7월까지는 목표했던 ○○○을 완성할 수 있도록 실행할 예정입니다.

추가로 하반기에는 팀의 새로운 목표인 ○○○과 얼라인된 B 업무를 함께 해 보고 싶습니다. B 업무는 현재 팀 관점에서도 전담하는 인원이 없어서 진도가 나가지 않고 있지만, 다음 시즌까지는 어느 정도 진도가 나가야 다음 전략을 수행할 수 있기 때문에 필요하다고 생각합니다. 이를 위한 장애물에는 내/외적인 요소가 있습니다. 내적인 부분으로는 업무 관련 지식 및 스킬의 부족이 있어, 제가 최신 트렌드와 시장 분석 등을 통해 제품 스터디를 하겠습니다. 외적인 부분으로는 고객사와의 커뮤니케이션에 있으며, 잦은 출장과 커뮤니케이션을 통해 극복해야 합니다. 팀장님께서 매주 1번씩만 함께 아이디어 회의를 해주시고, 지지해주신다면 더 도움이 될 것 같습니다.


A와 B 중에 어떤 구성원에게 더 좋은 평가를 주게 될까요? 그리고 다음 시즌 리더의 시간과 팀의 자원을 누구에게 더 집중해줘야 할까요? 리더와 회사가 모든 구성원들을 따라다니며 기록

하고 관리할 수 없습니다. 이것을 보완하기 위해 구성원 개개인은 평가에서 자신을 브랜딩해야 합니다. 셀프 리뷰가 그런 관점이 되는 것입니다. 이때 우리가 생각해야 할 것은 바로 '나'가 아닌 '팀과 회사'입니다. 내가 과거에 팀과 회사에 어떤 기여를 했는지? 그리고 내가 미래에 팀과 회사에 어떤 기여를 할 것인지? 이 두 가지 질문에 대해 매일, 매주, 매달 기록해보면 좋겠습니다. 기록하지 않는다면 관리할 수 없기 때문입니다. 셀프 리뷰는 1년에 1, 2번 하는 것이 아니라 일을 하는 매 순간 해야 하는 것입니다.

## 지난 시즌 내 이력서에서
## 가장 중요한 한 문장을 기술하는 것

평가 시즌이 되면 많은 직원들이 불평을 쏟아냅니다. 여러분들의 선배님들도 아마 "일할 시간도 없는데 평가 피드백을 꼭 해야 하나?", "평가 면담은 좀 불편한데, 그냥 서면이나 메일로 결과를 공유하면 안 되나?" 등 불만을 이야기할 수 있습니다. 그런데 평가 시즌의 불평은 팀원과 리더를 가리지 않고 모두가 합니다. HR도 '이런 불만을 들으면서 해야 하나?'라고 생각하죠. 이유는 하나이지 않을까요? 평가와 피드백, 그리고 면담이 '직원과 리더 모두에게 도움 되지 않는 형식'이 되었기 때문입니다.

나의 첫 커리어 브랜딩

지난 시즌의 평가를 기록하는 것은 내 책임이자 권리입니다. 즉, 직원이라면 내가 지난 시즌에 했던 일과 결과, 그리고 그 결과가 팀과 회사에 끼친 긍정적 영향을 스스로 증명할 수 있어야 합니다. 저는 이를 '자기 증명'이라고 이야기합니다.

리더는 팀원의 자기 증명에서 1) 오류를 찾아내어 객관적인 관점에서 개인의 역량, 결과 그리고 팀에 끼친 영향을 바라보게끔 도와주고, 2) 팀원이 미처 파악하지 못했던 기여를 찾아서 인정, 칭찬해주고, 3) 팀원이 더 성장할 수 있도록 미래 목표와 그 성장목표를 달성하기 위한 계획의 수립을 돕는 역할을 합니다.

그럼 여러분은 평가와 피드백 면담이 끝나고 나서 무엇을 해야 할까요? 저는 모든 직원들에게 "이제 이력서를 수정하세요."라고 말합니다. 평가와 피드백은 내 이력서를 수정하는 기간입니다. 그리고 내년에 내 이력서에 넣고 싶은 목표, 역량, 경험을 미리 설계하는 시간이고요. 평가와 피드백은 누구를 위한 것일까요? 바로 '나의 성장을 증명하는 자료'입니다. 그래서 내가 더 관심을 가져야 하고, 리더는 팀원이 더 많은 것을 증명할 수 있도록 이력서를 빵빵하게 도와주는 역할을 해야 합니다. 그리고 나의 일 년은 내 이력서에 넣은 한 문장을 가장 빵빵하고 가치 있게 만드는 시간으로 삼아야 합니다.

# 4

# *회의는*
# *일이 아니다*

## 회의가 만드는 거짓 만족감

여러분은 회의를 좋아하나요? 여러분이 참여하는 회의는 얼마나 생산적인가요? 저는 많은 회사를 거치면서 회의가 참 어렵고 비효율적이라는 이야기를 자주 들었습니다. 많은 구성원들이 좋아하지 않으니, 회의를 진행하지 않을 수 있는 방도가 있을까요? 그것은 불가능합니다. 사실 혼자 일하는 사람에겐 회의가 필요 없죠. 모든 정보를 이해하고 있고, 스스로 의사결정을 할 수 있기 때문입니다. 저 또한 과거에 3년 동안 1인 기업가로 활동한 적이 있는데, 회의는 필요치 않았습니다. 종종 회고를 하며 '이런 방향으로 가는 것이 맞는지?' 자문자답하는 시간은 가졌지만 말이죠.

대부분의 조직에선 저마다 정보의 격차가 발생할 수밖에 없고, 각기 다른 권한과 책임에 따라 의사결정이 내려질 수밖에 없습니다. 그렇기에, 크든 작든 모든 조직에선 회의가 이뤄지며, 좋든 싫든 우리는 회의에 참석할 수밖에 없습니다. 하루 종일 회의에 참여하다 보면 바쁘다는 느낌이 들고, 스스로 중요한 존재라고 생각할 수도 있는데요. 한 가지 분명한 것은 회의는 일이 아니라는 사실입니다. **회의는 일을 하기 위한 준비과정이기에, 회의가 제공하는 '거짓 만족감'을 조심할 필요가 있습니다.** 이처럼 회의를 피할 수도 없고, 그렇다고 지나친 회의에 빠지는 것도 경계해야 한다면, 이번 기회에 회의를 제대로 정복해야 하지 않을까요? 회의의 목적부터 제대로 이해해보시죠.

## 정보를 공유하고 얼라인하라

회의를 통해 우리는 서로 정보를 공유하고, 업무 진행 상황을 파악합니다. 특히 각자의 업무나 프로젝트 진행 상황을 공유하는 과정에서, 서로가 어떻게 조직에 기여하고 있는지 이해하는 시간이 됩니다. 리더의 입장에선 상위 조직 차원에서 중요한 정보를 공유하면서 팀의 방향성을 일치시키고자 노력하게 됩니다. **단, 정보 공유는 최대한 간략히 진행될 필요가 있습니다.** 만약 1/3 이상의 시간을 정보 공유에 사용하고 있다면, 효과적인 회의라고 보기 어렵습니다. 반드시 알아야 할 정보 중심으로 공유하고, 상세한 내용은 정리된 문서로 공유하는 것이 낫습니다.

아마존은 효과적인 회의 진행을 위해 PRFAQPress Release & Frequently Asked Questions라는 방법을 사용하는데, 특히 새로운 프로젝트를 시작할 때 필수적으로 작성해야 하는 양식입니다. 제품이나 서비스를 실제로 외부에 소개하는 관점에서 작성해야 하며, 외부 및 내부 고객 입장에서 자주 묻는 질문과 답변도 담고 있어야 합니다. 사전에 작성되어야 하기에 회의를 주최하는 입장에선 적지 않은 부담이 될 수 있지만, 회의 참석자들이 꼼꼼하게 정보를 이해하고, 또 예상 질문에 대한 답변을 미리 읽어보게 됨으로써 정보 공유 시간을 대폭 줄여주는 장점이 있습니다. 정보 공유에 너무 많은 시간을 쓰는 조직이 있다면, 아마존의 방식을 참고해 볼 수 있습니다.

저 역시 PRFAQ 관련하여 궁금증이 많았고, 실제로 아마존 직원과 인터뷰를 진행한 적이 있는데요. 좀 더 솔직한 대답을 들을 수 있었습니다. 제가 알게 된 것은, 아마존 직원들도 PRFAQ 작성을 상당히 어려워한다는 사실이었습니다. 중요한 프로젝트일수록 많은 사람들이 읽게 되기에 부담이 커지고, 글쓰기 실력도 많이 요구되기 때문인데요. 큰 위로가 되는 말이었습니다. 다만, 아마존의 경우에 워낙 큰 규모의 글로벌 비즈니스를 하고 있다는 점을 감안해보자면, 그 정도의 압박감은 충분히 이해할 수 있는 상황인데요. 스타트업 같은 작은 조직에선 PRFAQ 양식을 활용하되, 너무 큰 부담을 갖지 않고 주요 내용만 몇 줄 정도 써보는 것을 추천하셨습니다. 실제로 저는 주요 리더십 회의에서 논의를 시작하기 전에 10분 정도 미리 작성된 정보를 함께 읽는 시간을 가졌었는데, 상당히 효과적으로 정보가 공유되는 것을 느꼈습니다.

## 빠른 의사결정을 위한 프레임, "Anyway Yes"

**회의를 하는 가장 큰 목적은 의사결정입니다.** 물론, 의사결정 방식은 문제의 맥락이나 팀원들의 역량에 따라 달라질 수 있습니다. 특히, 리더의 매니징 스타일에 따라서 작은 사안까지 하나하나 의사결정이 이뤄지는 경우도 있고, 권한 위임이 많이 이뤄져서 전략적인 방향성만 결정하는 경우도 존재하죠. 조직 혹은 리더에 따라 세부 상황은 달라진다고 하더라도, 전사적으로 적시에 명확한 의사결정이 이뤄지지 않는다면 제대로 운영되는 조직이라고 볼 수는 없습니다.

수평적인 문화를 추구하는 조직에서는, 모든 참여자의 동의를 구하는 식으로 의사결정을 처리하기도 합니다. 물론 시간과 자원이 놀랍도록 여유 있는 상황이라면 그런 식의 의사결정이 좋을 수 있습니다. 구성원들이 경험한 참여감이 높은 몰입도를 만들어 내기도 하죠. 하지만 현실적으로 시간과 자원이 여유 있는 조직은 거의 드뭅니다. 스타트업은 더욱 그렇죠. 적어도 저는 그런 조직을 경험하거나 관찰한 적이 없습니다. 결국 우리 대부분은 제한된 상황 내에서 최대한 빠르게 의사결정을 내려야만 하는 상황에 처한 것이죠. 시의성과 정확도를 모두 높여야 하는 것입니다.

두 마리 토끼를 모두 잡기 위해서, 도움이 되는 팁이 하나 있습니다. 바로 소시오크라시의 의사결정 방법인 **"Yes, Anyway Yes, No"**입니다. 참고로 소시오크라시란, 수평적인 소통과 효과적인 업무 문화 구축을 위한 조직개발 이론이자 민주적인 사회를 위한 통치이론인데요. 규칙은 간단합니다. 다수가 의사결정에 참여하는 회의에서는 각자의 'Yes'뿐만 아니라, 'Anyway Yes'까지 동의로 여기는 것입니다. 만약, 해당 회의에서 의사결정 원칙이 모두의 'Yes'를 얻어내는 것이라면 사실상 끝없는 논의를 거쳐야 할 수도 있습니다. 하지만 'Anyway Yes'도 동의로 인정한다는 그라운드 룰은 논의 및 결정의 속도를 높이는 데 충분히 기여할 수 있습니다. 구성원들의 참여감도 충분히 불어넣을 수 있죠. 물론 'No'에 대해선 좀 더 많은 시간을 소요하여 논의하는 기회가 제공되어야 하겠지만요.

| YES (찬성) | Anyway YES (합의) | NO (반대) |
|---|---|---|
|  |  |  |

**중요한 것은 '의사결정에 대한 규칙'을 먼저 의사결정 하는 것이 중요하다는 사실입니다.** 우리 조직에서 어떻게 의사결정 하는지는 조직문화를 잘 보여주는 것이기도 합니다. 우리 조직에서의 의사결정 규칙을 정하고, 다양한 방법으로 실험하면서 의사결정의 퀄리티를 높일 수 있도록 노력하는 과정이 필요합니다. 다양한 실험이 일어나길 기대해 봅니다.

## 창의적 문제 해결을 위한 디자인 씽킹

지금까지 정보를 공유하거나, 의사결정을 하는 것이 회의의 필수 요소라고 언급했습니다. 하지만 꼭 결론을 내지 않더라도, 더 나은 대안을 찾고 다양한 의견을 듣는 데도 회의는 중요한 역할을 합니다. 혼자서는 아무리 많은 고민을 하더라도, 자신도 모르는 사이에 생각이 제한될 때가 있는데, 그때 브레인스토밍Brainstorming이나 브레인라이팅Brainwriting과 같은 아이디어 발산법을 활용해 다양한 사람들의 관점을 빌릴 수 있다면 큰 도움을 받을 수 있기 때문입니다. 더불어, 공동의 문제에 대해서 적극적으로 논의하는 과정은 참여감을 불러일으키고 창의적인 아이디어를 도출하는 데 긍정적인 영향을 미칠 수 있습니다.

이러한 미팅에서 한 가지 소개하고자 하는 팁은 디자인 씽킹Design Thinking입니다. 디자인 씽킹이란 창의적 문제 해결과 혁신을 위한 방법론으로, 문제 해결에 대한 통찰력을 도출하고 사용자 중심의 솔루션을 개발하는 데 주로 활용됩니다. 디자인 씽킹에서 특히 강조하는 것은 사용자에 공감하고, 명확한 문제를 정의하는 것입니다. 이를 기반으로 참여자들과 함께 아이디어를 자유롭게 공유하고, 도출된 아이디어를 바탕으로 솔루션을 개발합니다. **이때 단순히 아이디어가 아닌, 빠르게 프로토타입을 제작하고 사용자들에게 실제로 피드백을 받는 것이 중요합니다.** 이러한 방식으로 아이디어 발산 및 문제 해결 미팅을 진행하면 창의적인 아이디어를 도출하거나, 사용자 중심의 솔루션을 개발하는 데 큰 도움이 됩니다.

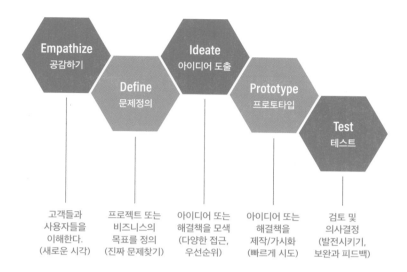

| Empathize<br>공감하기 | Define<br>문제정의 | Ideate<br>아이디어 도출 | Prototype<br>프로토타입 | Test<br>테스트 |
|---|---|---|---|---|
| 고객들과<br>사용자들을<br>이해한다.<br>(새로운 시각) | 프로젝트 또는<br>비즈니스의<br>목표를 정의<br>(진짜 문제찾기) | 아이디어 또는<br>해결책을 모색<br>(다양한 접근,<br>우선순위) | 아이디어 또는<br>해결책을<br>제작/가시화<br>(빠르게 시도) | 검토 및<br>의사결정<br>(발전시키기,<br>보완과 피드백) |

아이디어를 공유하는 시간은 분명 즐겁습니다. 하지만 늘 그렇듯 문제는 시작이 아니라 끝이죠. 아무리 미팅이 만족스러웠다고 하더라도, 실제로 업무로 반영되거나 결과로 이어지지 않는다면 어떻게 될까요? 한두 번은 학습의 과정으로 해석할 수 있지만, 반복된다면 '어차피 진행되지 않을 텐데,'라는 인식이 생기고 장기적으로는 회의 몰입도가 급격히 떨어질 수밖에 없습니다. 그렇기 때문에 아이디어 발산의 에너지만큼, 아니 그보다 더 많은 시간을 아이디어 수렴과 실천에 할애해서 '실질적인 문제 해결'까지 이끌어내는 것이 중요합니다.

## 명확한 회의 목적 설정과 템플릿 예시

지금까지 회의의 목적으로 정보 공유와 의사결정, 그리고 아이디어 발산을 언급했습니다. 회의 준비 시, 목적을 분명하게 하고 미리 구분해 놓는 것만으로도 효율적으로 진행할 수 있습니다. 종종, 회의 목적이 정보 공유인지, 의사결정인지 혹은 아이디어 발산인지 명확하지 않을 때가 있는데, 그럴 때 대부분 비생산적으로 진행됩니다. 한 가지 사례를 공유하고자 합니다.

조직이 지금의 여러분에게 기대하는 것은 '원활한 회의 진행'이 아닐 수 있습니다. 그럼에도 불구하고, 회의를 이렇게 강조하는 이유는 '커뮤니케이션 방식'을 잘 보고 배울 수 있는 기회이기 때문입니다. 업무에 대해서는 당분간 더 많은 지식과 경험이 쌓여야 새로운 제안을 해 볼 수 있겠지만, 회의나 소통하는 방법에 대해서는 누구나 더 나은 방법을 제시할 수 있고 더 적극적으로 변화를 이끌 수 있습니다. 각자의 자리에서 한번, 시도해 보시기 바랍니다!

## [사례] 팀 정기 회의 프로세스

| No | 단계 | 예상 시간 | 목적 및 설명 | 주의할 점 |
|---|---|---|---|---|
| 1 | 체크인 | 5분 | **[정보 공유]**<br>구성원들의 컨디션을 확인하며, 분위기를 전환합니다. | 회의 초반, 편안한 분위기를 만드는 것은 중요합니다. |
| 2 | 주간 업무 공유 | 5분~ 10분 | **[정보 공유]**<br>지금까지 이뤄진 업무를 Green (문제없음) / Yellow (관심 필요) / Red (조치 필요)로 구분하고 빠르게 공유합니다. | 의미 없는 정보 공유에 너무 많은 시간을 쓰지 않도록 합니다. |
| 3 | 방향성 공유 및 질의 | 5분~ 10분 | **[정보 공유]**<br>- 리더 관점에서 공유할 만한 전사적인 방향성이나 맥락을 정리하고 소통합니다.<br>- 구성원 관점에서 궁금한 사항은 미리 질문하고, 리더는 이에 답변합니다. | 정보 격차를 최대한 좁힐 수 있도록 합니다. 시간이 부족한 경우, 1 on 1 미팅을 통해서 추가 소통하도록 합니다. |
| 4 | 의사결정 | 20분~ 30분 | **[의사결정]**<br>- 의사결정이 필요한 주제 별로 예상 시간과 논의 시 꼭 참가해야 할 이해 관계자를 적습니다.<br>- 의사 결정 배경과 목적, 2-3가지 정도의 대안 그리고 본인의 의견까지 함께 작성하면, 더 원활하게 진행됩니다. | 의사결정이 필요한 주제는 자율적으로 작성하도록 하며, 효율적 진행을 위해서 사전에 충분히 대안을 고민해 오도록 합니다. |
| 5 | 아이디어 발산 | 10분~ 15분 | **[아이디어 발산]**<br>다양한 관점과 많은 아이디어가 필요한 경우, 주제에 대해서 함께 논의합니다. 단, 의사결정이 필요할 주제와 자유롭게 아이디어를 나눌 주제는 미리 구분되어 있어야 합니다. | 늘 의사결정이 아이디어 발산보다 먼저 진행되며, 시간이 없으면 다음 회의로 넘어갑니다. |

# 5

## 회의 잘하는 사람은
## 무엇이 다를까

### 꼭 필요한 사람과 회의를 하라

**사회생활을 시작하는 신입사원 및 주니어 입장에서 유심히 관찰해야 할 사람들이 있습니다. 바로, 회의를 잘하는 사람들이죠.** 회의를 잘하려면 상황을 정리하는 능력과 커뮤니케이션 역량이 모두 필요한데, 그런 사람들은 일을 잘할 가능성도 높습니다. 물론 회사의 업종과 조직문화가 각기 다르기에 회의 잘하는 사람의 기준도 다를 수 있지만, 제 경험상 회의 잘하는 사람들의 특징은 몇 가지로 정리할 수 있습니다.

회의를 하다 보면, 가끔 이런 의문을 가질 때가 있습니다. '이 많은 사람들이 회의에 과연 집중하고 있는 걸까?' 회의가 의미 있는지는 참가자들의 행동이나 무의식적 태도만 봐도 쉽게 알 수 있죠. 진정으로 의미 있는 회의에선 참가자들은 최대한 주의를 기울이고, 중요한 내용을 받아 적고, 적극적으로 질문하거나 답변합니다. 즉, 회의를 왜 하는지, 원하는 결과물이 무엇인지 이해하고 있는 것이죠. 그러한 분위기를 결정하는 것은 무엇일까요? 회의 주제나 방법도 중요하지만, 가장 기본이 되는 것은 참가자입니다. '누가 모이는지'에 따라서 이미 회의의 승패를 좌우되는 것이죠.

**회의를 잘하는 사람은 시간을 아까워할 줄 아는 사람입니다.** 시간에 대한 민감도가 높다고 볼 수 있죠. 꼭 필요한 사람이 누구인지 알고, 그들과 소통합니다. 반면, 회의를 못하는 사람은 일단 많은 사람들을 초대하는 경향이 있습니다. 많은 사람이 모이면 더 나은 결과가 나올 거라 생각하지만, 제 경험상 그런 경우 집중력은 더 분산되고 결과는 쉽게 나오지 않습니다. 그런 상황에서 사람들의 집중도를 탓하는 경우가 있는데요. 그것이야말로 엉뚱한 곳에서 화풀이하는 것과 다를 바 없습니다. 본인에게 꼭 필요한 자리라고 생각되면, 사람들은 시키지 않아도 알아서 집중합니다.

제가 주로 사용했던 방법은 회의 시작 전에, **각 회의 주제마다 논의가 필요한 '이해관계자'를 미리 적도록 한 것입니다.** 함께 알아야 할 정보를 공유하거나, 모두에게 관여되는 중요한 주제의 회의일 때는 가급적 많은 사람들이 함께해도 좋습니다. 하지만 정보 공유가 끝났거나, 모두 함께 모여야 하는 상황이 종료된 이후에는 굳이 모두 모여 있어야 할 필요가 없겠죠. 당연히, 정해진 회의 시간을 억지로 채울 필요도 없습니다. 저 역시 '꼭 필요한 이해관계자'만 남아서 토론하고, 그렇지 않은 사람은 자리를 떠나도록 했더니 회의 밀도가 자연스럽게 높아지는 것을 느꼈습니다.

한 가지 팁이 더 있는데, 회의 중간에 전체적인 에너지를 끌어올려야 할 상황이 있을 때 **한 사람씩 모두 돌아가면서 의견을 묻는 방법입니다.** 꼭 필요한 사람들만 모였다고 해도, 사람들의 성향과 기질에 따라 참여도는 각기 다를 수 있습니다. 하지만 짧게나마 모두 한마디씩 돌아가면서 이야기하도록 하면, 그동안 발언을 안 한 사람도 좀 더 참여하게 되고, 그러한 아이디어가 꽤 도움이 될 때가 많았습니다. 더불어, 모두가 한마디씩 하는 과정에서 자연스럽게 참여감을 형성하게 되고, 회의에 대한 몰입도 높아집니다. 물론, 그 과정이 너무 길어져선 안 되며 필요하다면 시간을 체크해야 할 수도 있습니다. 시간이 없을 때는 옆의 사람끼리 2~3명씩 의견을 주고받도록 하는 것도 좋은 방법입니다. 그 방법이 무엇이든, 전반적인 에너지를 관리할 책임이 회의 주최자에게 있다는 사실을 기억하기 바랍니다.

## 회의 준비에 대부분의 시간을 사용하라

앞서 회의는 일이 아니라고 했지만, 회의 준비도 그럴까요? 그렇지 않습니다. 회의는 일을 잘하기 위한 '의사결정 시간'이지만, 회의 준비는 회의를 잘하기 위한 '아주 중요한 일'입니다. 말장난처럼 보일지 모르지만, 그만큼 회의 준비는 회의 그 자체보다 훨씬 더 중요한 과정임에도 불구하고, 대표적으로 과소평가된 업무입니다. **회의의 결과물은 사실상 회의에 참가하기 전 사전 준비에 의해 결정되기 때문입니다.**

회의의 성공과 실패는 99% 주최자에게 달려있습니다. 회의 주최자가 회의 준비 시 가장 먼저 파악해야 하는 것은 '회의의 목적'입니다. 무엇을 근거로 성공과 실패를 판단할 것인지, 기준점을 설정하는 것도 필요합니다. 아무리 생산적인 논의를 많이 했다고 하더라도 의사결정이 나지 않는다면 실패한 회의라고 볼 수 있으며, 목적에 따라선 의사결정을 했더라도 그 과정에서 중요한 관점을 놓쳤다면 그 또한 실패했다고 볼 수 있습니다. 의미 있는 논의를 했다고 하더라도, 회의에 너무 많은 시간을 썼다면, 그 또한 부분적인 실패라고 볼 수 있죠. 다시 말해, 회의 목적에 따라서 사람들에게 어떤 질문을 던질 것인지, 그리고 어떻게 참여를 유도할 것인지 미리 준비해야 합니다.

회의 준비와 관련하여 두 가지 팁이 있는데, **첫 번째는 사전 미팅입니다.** 초년생 시절, 제가 좋아하는 선배님이 이런 질문을 한 적이 있습니다. "회의 참가자가 5명이라면, 의사결정을 위해서 몇 번 회의를 해야 할까?" 저는 별생각 없이 대답했습니다. "한번 다 같이 모여서 결정하면 되지 않을까요?" 그러자 선배님은 이렇게 대답했습니다. "물론 그럴 수도 있지만, 만약 그 주제가 꽤 중요하거나 섬세하다면 5번 미팅을 해야 할 수도 있어. 네가 나머지 멤버들을 각각 따로 만나서 미팅을 하면서 맥락을 설명하고, 미리 어느 정도 합의를 해놓는 것이지. 그런 다음, 모두 모여서 최종적으로 한 번 더 결정하는 미팅을 갖는 거야. 우리는 회의를 통해 서로 소통되었다고 생각하지만 생각보다 그런 경우는 드물고, 특히 그것이 중요한 일이라면 따로 만나서 충분히 이야기를 해놓는 게 중요하더라." 대화를 나눈 당시에는 '꼭 그렇게까지 해야 하나?'라는 생각도 했었습니다. 하지만 이후 직장 생활을 하면서 가장 도움이 된 조언 중 하나입니다. 사전에 합의하는 과정이 얼마나 중요한지 여전히 배워나가고 있죠.

앞서 말했듯 **꽤 민감한 주제라면 사전에 1:1 미팅으로 개인별로 맥락을 충분히 전달하고, 합의를 이루는 것이 중요합니다.** 회의 시작 전, 여러 번 커뮤니케이션해야 하는 번거로운 일임에도 불구하고, 첨예한 주제를 다룰 때는 그보다 효과적인 방법도 없습니다.

나의 첫 커리어 브랜딩

사전 얼라인이 되지 않은 상태에서 갑작스럽게 회의를 진행하면 결론도 잘 나지 않을뿐더러, 이후에 1:1 미팅으로 얼라인하려고 해도 생각보다 쉽지 않을 때가 있습니다. 사람은 누구나 자기 자신이 중요하게 다뤄지기를 바라고, 그것은 일이 발생한 후가 아니라 일이 일어나기 전 단계에서 미리 커뮤니케이션하는 것을 선호한다는 의미입니다.

**두 번째 팁은 시나리오 제시입니다.** 제가 개선점이나 새로운 제안을 할 때 자주 활용하는 방법인데, 의사결정을 해야 할 사항에 대해서 미리 2~3가지의 시나리오를 만들어보는 것입니다. 각각의 상황마다 강점과 약점이 있을 수 있고, 사전에 고려해야 하는 사항이 있을 수 있기에, 일단 스스로 생각하는 요소들을 미리 작성해보고, 다양한 시나리오 중에서 본인이 선호하는 방법을 제시하면 속도감 있는 의사결정을 이끌어낼 수 있습니다. 이러한 방식은 비단 회의에만 해당하는 것은 아닙니다. 저는 팀원들과 소통할 때, 팀원들이 저에게 의견을 물을 때마다 습관처럼 "여러분 생각은 어떠세요?"라고 되물어보는 편입니다. 설사 나의 생각이나 의견이 반영되지 않는다고 하더라도, 일단 스스로 다양한 시나리오를 생각해보고 그중에서 최적의 대안을 고려하는 것은 판단력에 있어서 아주 중요한 훈련이기 때문입니다.

**[예시] 의사결정을 위한 시나리오**

|  | 1안 | 2안 | 3안 |
|---|---|---|---|
| 내용 |  |  |  |
| 장점 |  |  |  |
| 단점 |  |  |  |
| 본인 의견 및 사유 |  |  |  |

어떤 사전 준비나 시나리오도 없이, 그저 주제만 던지고 "여기서 의사결정을 합시다."라고 말하는 회의와, 목적에 따라 사전 미팅을 하거나 시나리오별로 대안을 마련하고 본인의 생각과 근거까지 준비한 회의의 결과는 다를 수밖에 없겠죠. 만약 같은 결론을 낸다고 하더라도, 회의 시간에 있어선 어마어마한 차이가 나게 되며, 그것이 사람들의 시간을 아껴주는 행위가 됩니다. 팀을 넘어 회사 전체에까지 영향력을 미칠 수 있는 것이죠. 그 외에도 "회의를 잘 이끌어가기 위해서는 무엇이 준비되어야 할까?"라는 질문을 스스로 던지면서 자신만의 노하우를 쌓아나가길 기대해 봅니다.

# 정기적으로 회고하고, 액션 아이템을 완료하라

회의를 잘하는 사람이 되는 것은 좋지만, 회의만 잘하는 사람이 되면 안 되겠죠. 이를 위해선 회의가 끝나고 나서의 행동도 달라야 합니다. 일단, 회의에 대한 회고를 해 보길 권합니다. 회의에서 결정된 의사결정뿐만 아니라, 회의 방법 그 자체에 대해서 질문하고 다양한 피드백을 받아보는 것이죠. 잘한 점과 아쉬운 점을 파악하다 보면, 다음 회의에 적용해야 할 사항들이 자연스럽게 정리될 수 있습니다. 회의를 잘 진행하지 못하는 사람은 회의 방식에 대한 논의는 거의 하지 않고 피드백도 받지 않습니다. 기존에 해왔던 방식 그대로 회의를 반복해서 진행하기에, 새로운 실험이나 변화도 일어나지 않는 것이죠.

**회고와 관련하여 한 가지 팁은 '아주 작은 아이디어'라도 다음 회의 때 반영해 보는 것입니다.** 예를 들어, 시간이 잘 지켜지지 않았다는 피드백이 있을 경우, 다음 회의에선 타이머를 설치하고 체크해 볼 수도 있겠죠. 그렇게 새로운 시도를 하고 난 이후에, "지난번 회고 결과를 반영해서 이런 시도를 해 봤다."라고 말하면 사람들은 자신의 의견이 관철되어 조금씩 변화가 이뤄지고 있다고 믿게 됩니다. 아무리 작은 변화라도, 적절한 의견 반영은 회의에 대한 참여도나 적극성에 영향을 미치게 되고, 나아가 회의의 퀄리티를 높이는 중요한 요소가 될 수 있습니다.

회고가 끝나면 무엇을 해야 할까요? 이제 정말 일을 해야 합니다. 회의가 끝났다고 회의가 종료된 것은 아니며, 사실상 회의에서 언급된 액션 아이템이 완료되어야 회의가 끝난 것이죠. 회의가 끝난 이후에 제대로 팔로업이 이뤄지지 않아서, 매주 회의를 함에도 불구하고 아무런 변화를 체감하지 못하는 경우도 있습니다. 현업의 바쁜 상황은 이해가 가지만, 액션 아이템이 완료되지 못하고 실질적 변화가 일어나지 않는다면 아무리 회의가 잘 진행되었다고 하더라도, 사람들은 회의감을 느낄 수밖에 없습니다. 결국, **회의를 잘하는 사람은 회의가 끝난 이후에 액션 아이템까지 잘 처리하는 사람이며, 그렇기에 일을 잘할 수밖에 없습니다.** 혹시나 팔로업이 제대로 이뤄지지 못하는 상황이라면, 중간중간 관여되는 이해관계자들에게 늦어지는 상황을 공유하고 이해를 얻으시길 바랍니다. 일이야 한두 번 못하더라도 다음에 잘하면 되지만, 망가진 신뢰를 회복하는 것은 몇 배나 어렵다는 것을 기억하기 바랍니다.

## 회의록 작성 시 자주 하는 실수들

개인적으로는 회의록 작성을 저연차의 팀원들이 굳이 해야 한다고 생각하진 않습니다. 최근에는 미팅 주최자가 직접 작성하는 경우도 많고, 저 역시 그렇게 하는 편입니다. 하지만 만약 여러분에게 회의록 작성 업무가 주어졌다면, 그 또한 기회로 생각해 보길 바랍니다. 가장 빠르게 업무를 파악할 수 있는 방법이고, 생각을 정리하고 문서로 소통하는 방법을 익히는 첫 번째 훈련이니까요.

**회의록 작성 시 가장 조심해야 하는 것은 '맥락을 고려하지 않고, 들리는 대로 적는 것'입니다.** 최근에는 '클로바 노트'를 비롯하여, 음성을 문서로 정리해주고 심지어 요약도 해주는 서비스가 많이 등장하고 있죠. 갈수록 인간이 서야 할 자리가 좁아지고 있는 상황에서, 우리가 경쟁력을 확보할 수 있는 방법은 '맥락을 고려하는 것'입니다. 그저 들리는 대로 적어서도 안 되고 반대로 최종 결론만 뜬금없이 적어서도 안 됩니다. 앞뒤 상황을 고려하고 중요한 내용을 작성하되, 모르는 내용이 있다면 추후 한 번 더 확인 후 작성해야 합니다. 만약 너무 전문적인 내용이라면 작성 시 도움을 요청하는 것도 좋습니다.

회의 진행 시, 발언이 너무 빨라서 기록하기 어려운 경우도 있는데요. 아주 중요한 회의라면 녹음을 해두는 것이 좋습니다. 더불어, 발언자의 이름처럼 반복해서 적어야 하는 단어가 있다면, 이니셜로 기록만 남겨놓는 것도 도움이 되죠. 나중에 확인이 가능한 중요하지 않은 내용들은 과감하게 넘기고, 미팅 주제에 대해서 어떤 식으로 의견들이 정리되고 있는지 맥락을 잘 따라가는 것이 가장 중요합니다. 작성 과정에서 약간의 여유가 있다면, 혼자 떠오르는 생각들을 따로 적어놓는 것도 상황을 이해하고 실력을 키우는 데 좋은 연습이 될 수 있습니다.

집중해서 잘 적었다면 최대한 빠르고 명료하게 정리해서 공유해야 합니다. 만약 회의 주제가 시간의 흐름대로 이어서 진행되지 않았다면 시간이 아닌 주제별로 정리할 필요도 있고, 또 참석하지 않은 사람에게 꼭 알려야 할 정보가 있다면 한 번 더 강조하는 등의 편집도 필요합니다. 스타트업 같은 조직에선 특별히 민감한 내용이 아니라면, 작성한 회의록을 전사적으로 공유하기도 하는데요. 그때 혹시라도 조심해야 할 정보가 있는지 한 번 더 체크할 필요도 있습니다. 아무래도 회의록이 일단 공유되고 나면 이후에는 되돌릴 수 없기 때문에 많은 사람에게 영향을 줄 수 있는, 중요한 업무라는 것을 충분히 고려할 필요가 있습니다.

# 6

# 기획은 기술이고,
# 보고는 예술이다

## 파는 것이 인간이다

사회생활에서 저의 첫 직무는 세일즈였습니다. 공학을 전공했
지만 좀 더 제게 맞는 일을 하고 싶었고, 한 살이라도 더 어릴 때
스스로 잘하지 못할 것 같은 일을 시도해보고 싶었습니다. 그렇
게 고민 끝에 세일즈를 해 보기로 결정했죠. 2년 정도 경험을 쌓
고 작은 스타트업으로 이직하게 되었는데, 그때 확실하게 배운
것이 하나 있습니다. **모든 업무의 본질은 세일즈라는 것이죠**. 어쩌
면 자신의 생각을 설득하고 관철시켜서 누군가에게 가치를 제공
한다는 측면에서는 세일즈뿐만 아니라 개발자도, 디자이너도 무
언가를 파는 것이 아닐까요? 다니엘 핑크는 책 『파는 것이 인간
이다』에서 우리가 더 인간다워질수록 세일즈를 더 잘하게 될 것

이라고 말합니다. 그러한 거창한 표현까지는 하지 않더라도, 앞으로 우리가 피할 수 없는 영역이라는 것은 자명해 보입니다.

> "옛날에 일부 사람들만 세일즈를 했다. 매일 그들은 물건을 팔고, 우리는 그 물건을 사며 모든 이들이 행복했다. 어느 날 모든 게 바뀌었다. 마침내 우리는 세일즈가 냉혹한 시장 문화에 암울하게 순응하는 일이 아니라는 사실을 깨달았다. 세일즈는 우리 존재의 일부이고, 따라서 보다 더 인간다울수록 더 잘할 수 있는 것이다."
> - 다니엘 핑크, 『파는 것이 인간이다』

사회생활을 하는 모든 사람들은 실은 무언가를 팔고 있습니다. 업무 진행 상황을 공유하고, 의사결정을 하기 위해 기획서를 작성하여 보고한다는 것은 직장인으로서 자주 경험하는 상황이죠. 하지만, 그만큼 스트레스가 많기도 합니다. 시키거나 맡은 일만 잘하면 되는 것이 아니라 누군가를 설득해야 하는, 논리뿐만 아니라 감정의 영역도 동반되기 때문입니다. 그렇기에 보고를 할 때는 요령과 기술이 필요하며, 다양한 요소를 고려해야 합니다. 어떤 양식을 쓰고, 어떤 상황에서, 어떤 채널로, 언제 보고하는지에 따라서 미세하게 의사결정이 달라질 수 있습니다. 역할에 따라서 처한 상황은 다를 수밖에 없고, 본인 관점에서 중요한 이슈가 상대방에게는 그렇지 않을 수도 있기 때문에 보고를 하기 전,

상황을 섬세하게 파악할 필요가 있습니다.

그렇다면, 기획은 언제 시작되는 것일까요? 프로젝트가 시작될 때? 아니면 상사가 기획서 작성을 요청했을 때? 물론 좁은 의미에선 그렇지만, 넓은 의미로 보자면 조직에 합류한 그 시점부터가 아닐까 합니다. 왜냐하면, 입사 후 적응 과정을 통해 조직에서 일어나는 현재 상황을 섬세하게 파악할 수 있으면서도, 남들이 보지 못한 문제점을 발견할 수 있기 때문입니다. 예를 들어, 저는 새로운 조직에 입사하면 저만의 관찰과 생각을 담은 일기장을 만듭니다. 다양한 경험, 그리고 그때의 제 생각과 느낌을 기록하는 공간이죠. 그렇게 정보들을 하나씩 정리해 나가다 보면, 비효율적이거나 개선이 필요한 문제들도 함께 보이기 시작합니다. 본인이 처한 환경에서 **'더 나아질 수 있는 것들'**을 떠올리고 기록하는 것이 기획의 시작이고, **익숙한 것들을 낯설게 보는 태도**가 좋은 기획을 만듭니다.


## 시니어가 되기 위한 지름길, 기획

기획이란, 문제를 정의하고 해결하는 것입니다. 책『기획은 2형식이다』에서 남충식 작가는 문제와 해결, 단 2가지만 생각하라고 강조합니다. 중요한 것은 아이디어 그 자체가 아니라, 문제를 명확하게 규정하고 공감대를 형성하는 것이죠. 해결의 실마리는 대부분 문제 안에 존재하며, 정확히는 문제를 어떻게 규정하고 바라보는지가 얼마나 전문가인지 여부를 결정합니다. 문제를 규정할 때는, 보이는 현상 너머 본질을 탐구하며 '왜?'라고 계속해서 물어야 합니다. 문제를 어떻게 정의하냐에 따라서 해결 방식은 완전히 달라질 수 있기 때문이죠.

　영화 〈죠스〉를 아시나요? 스티븐 스필버그 감독은 동명의 소설 『죠스』를 기반으로 영화를 만들기로 했습니다. 일반적인 감독이라면 영화를 떠올리는 순간 '상어를 어떻게 표현할까?'라는 고민에 휩쓸릴 수 있습니다. 스티븐 스필버그도 처음에는 그랬습니다. 하지만 당시 기술적 한계로 상어 모형들은 물에 들어가는 순간 고장을 일으켰고, 그 정도로는 공포감이 조성되기 어렵다고 판단했죠. 그때, 스필버그 감독은 의외의 곳에서 답을 발견합니다. 상어 그 자체가 아닌, 관객들의 공포심에 주목한 것이죠. 굳이 상어를 보여주지 않아도 공포심을 일으킬 수 있다면 충분하다고 판단했습니다. 결국 참신한 연출과 공포스러운 음악을 강조한 전략은 제대로 먹혀들었습니다. 〈죠스〉는 블록버스터라는 말을 탄생시킬 만큼 흥행했고, 훗날 스필버그는 인터뷰에서 "쓸모없는 상어 장치가 신의 축복이었다."라는 말을 남겼죠. 해결책이 아닌 문제에 제대로 집중한 셈입니다.

**기획을 위해 고민할 때, 도움이 되는 자세가 있습니다. 바로 '새로운 것에 대한 집착'을 벗어던지는 것입니다.** 백지에서 시작하면 대부분의 기획은 실패합니다. 세상에 이미 좋은 생각과 아이디어가 넘쳐나기에, 그것을 잘 엮거나 다른 맥락으로 풀어내는 것이 중요합니다. 저는 '질문을 품는다.'는 표현을 좋아하는데, 질문을 품고 일상을 살아가다 보면 문득문득 해결책이 떠오를 때가 있습니다. 특히 업무와 동떨어진 경험, 걸을 때나 아침에 샤워할 때 그런 경우가 많은데요. 아이디어는 곧 사라지기에 빠르게 메모하곤 합니다. 물론 사람마다 발상법은 다르고, 외향성이 강하다면 사람들과 대화를 하다가 힌트를 떠올리기도 하죠. 그것이 무엇이든 문제 규정은 최대한 명확하게 하되, 해결은 최대한 열어놓기 바랍니다. 의외의 곳에서 답이 저절로 찾아오는 경험을 할 수 있을 겁니다.

이런 관점에서 초보 직장인들이 가진 지식과 경험 부족은 기획에 있어 강점으로 발휘되기도 합니다. 아무것도 모르는 상태, 즉 원점에서 문제를 바라보기 때문에 새로운 아이디어를 내는 데 유리하죠. 인간은 적응의 동물입니다. 어떤 조직을 가도 일주일만 지나면 어느새 그것이 당연하게 느껴지는데요. 자칫하면 개선이

나 새로운 시도 역시 불필요하게 생각될 수 있는 것이죠. 그럴 때 일수록 익숙한 것들을 낯설게 보기 위한 시도를 해 보길 권합니다. **문제의식과 대안을 담아 기획서를 만들고, 자신의 생각을 적극적으로 세일즈하다 보면, 조직이 변화하고 끝끝내 프로페셔널한 일잘러가 될 수 있지 않을까요?**

> "문제의 정의는 문제 해결보다 훨씬 본질적이다."
>
> — 아인슈타인

## 기획서, 어떻게 써야 할까?

"인사는 문서로 말한다." 예전 직장에서 사수가 강조한 말입니다. 인사 담당자는 특히 제도나 규정을 만들 때가 많기 때문에 문서 작성 능력을 더욱 강조한 것인데요. 인사뿐만 아니라 대부분의 직무는 기획을 요구받습니다. 처음 기획 업무를 해 본 것이 언제인가요? 그저 연차가 쌓인다고 시니어가 되는 것은 아닙니다. 얼마나 많은 기획을 했고, 얼마나 완성도 높게 실행까지 옮겼는지가 시니어가 되기 위한 길입니다. 기존에 했던 일을 반복하는 것과 프로세스를 개선하고 문제를 예방하는 것은 애초에 다른 근육을 사용하는 것이며, '열심히'만으론 충분치 않습니다. 좋은 기획서의 핵심은 의사결정과 실행입니다. 아무리 열심히 만든 기획서라도 두 가지 요소가 빠진다면, 의미가 없습니다. 반대로 빠르고 명백하게 의사결정 하도록 하고, 이어서 문제없이 실행될 수 있다면 좋은 기획서가 아닐까요?

그래서 모든 기획은 지금 상태(As is)와 앞으로의 상태(To be), 그리고 차이를 줄이기 위한 전략(How to)과 구체적인 액션 아이템(Action Items)을 다룹니다. 시작은 '왜 해당 기획이 필요한지'에 대한 내용입니다. 혼자 갖고 있는 문제의식을 함께 공유하기 위해선, 자신이 왜 이러한 기획서를 작성하게 되었는지 배경과 목적을 작성해야 하겠죠. 두 번째는 '지금 우리는 어디에 있는지'를 명확하게 하는 것입니다. 맥락을 설명하고 난 뒤에는 관련 사실(Fact)을 체계적으로 분석하고 정리한 내용이 제시되어야 합니다. 특히 데이터를 기반으로 분석하고 의사결정 하기 위해선 데이터를 잘 다룰 수 있는 역량이 요구되며, 이는 앞으로 더 중요해질 것입니다. 이때 주의할 점은 작성자의 의견이 강하게 제시되어선 안 됩니다. 기획 목적에 따라서, 어느 정도 달라질 수는 있지만 기획서 초반에는 본인 관점이나 생각보다는 사실 중심으로 서술되어야 하며, 최대한 종합적인 관점을 견지해야 기획의 신뢰도가 높아집니다.

문제의식을 공유하고 지금 현상을 파악하고 난 다음에는 '어떻게 해결할 것인지' 전략을 제시합니다. 이때 필요한 것이 **시나리오 사고**입니다. 최소한 2안, 그게 아니면 3안 정도를 제시하여 의사 결정을 도와야 합니다. 시나리오를 잘 작성하기 위해선 공감 능력이 필요한데 자신의 관점에 갇히지 말고 상사나 동료, 혹은 다른 부서의 관점에서 생각해 보는 것이 좋습니다. 그렇게 시나리오별 장단점을 분석하고 예상되는 기대효과를 구체적으로 서술하면, 조직의 상황에 얼마나 큰 변화를 만들 수 있을지 판단이 가능합니다. 더불어 2×2 매트릭스 프레임워크를 이용하면, 복잡한 사고를 명료하게 정리하는 데 큰 도움을 얻을 수 있습니다. 특히 양극단에 있는 아이디어를 통합하거나, 방향성을 더 선명하게 만드는 데 도움이 되죠. 어떤 상황을 정리할 때, 2×2 매트릭스로 그릴 가능성이 있는지 우선적으로 생각해 보기 바랍니다. 기획서의 퀄리티가 완전히 달라질 수 있습니다.

**[예시] 2X2 매트릭스 - 긴급도와 중요도**

| 중요도 높음 | 중요하지만,<br>긴급하지 않은 업무<br><br>(미리 준비해야 하는 일) | 중요하면서도<br>긴급한 업무<br><br>(최우선으로 대응해야 하는 일) |
|---|---|---|
| 중요도 낮음 | 중요하지도,<br>긴급하지도 않은 업무<br><br>(없애거나, 위임해야 하는 일) | 긴급하지만,<br>중요하지 않은 업무<br><br>(최대한 효율화시켜야 하는 일) |
| | 긴급도 낮음 | 긴급도 높음 |

남들이 인식하지 못한 문제를 정의하고, 남들이 풀지 못한 방법을 제시하는 것은 물론 훌륭합니다. **하지만 기획의 완성은 실행이고, 궁극적으론 변화입니다. 기획서 한 장만으로는 아무것도 달라지지 않으니까요.** 의사결정이 이뤄진 뒤에는 조직 내 많은 사람들에게 공통된 문제의식을 형성시키고, 무엇을 해야 변화할 수 있는지 가능성을 보여주는, 수많은 커뮤니케이션이 이뤄집니다. 기획 단계에서 예상하지 못한 사건들이 벌어지는 시기이기에, 성실하면서도 집요하게 소통하고 실행해야 합니다. 만약 기획서 완성도가 다소 아쉽더라도, 뛰어난 실행력으로 최초 기획을 뛰어넘는 경우도 많습니다. 반면에 아무리 훌륭한 기획서라도 액션 아이템이 제대로 실행되지 않는다면 사람들의 신뢰는 형성되지 않고,

다음 기획은 관철시키기가 더욱 어렵기 마련입니다. 신뢰의 선순환을 위해서라도, 스스로 작성한 기획서를 끝까지 한번 관철시켜 보시기 바랍니다.


## 보고는 예술의 영역이다

주식 시장에는 "매수는 기술이고, 매도는 예술이다."라는 말이 있는데요. 이와 비슷하게, 저는 **"기획은 기술이고, 보고는 예술이다."**라고 생각합니다. 그야말로 보고는 종합적 커뮤니케이션 기술이 필요한, 예술의 영역으로 볼 수 있는데요. 그만큼 맥락 파악에 있어서 섬세함이 요구되며, 똑같은 내용도 어떻게 커뮤니케이션하느냐에 따라서 결과는 전혀 달라질 수 있습니다. 반복해서 강조하고 있지만, 특히 중요한 것은 상대 관점에서 생각하는 것입니다. 팀원 입장에서는 늘 본인이 하는 일이 가장 중요하고 긴급하지만, 리더의 입장에선 여러 가지 업무 중 하나에 불과하고, 중요도 역시 다를 수 있습니다. 그 점을 생각해본다면, 리더가 잘 판단할 수 있도록 상황을 만들어나가는 것까지가 보고라고 볼 수 있죠.

**보고의 핵심은 '상대방 머릿속에 그림을 그리는 것'입니다.** 내가 이야기하고 싶은 내용이 아니라, '상대가 궁금한 내용이 무엇일까?' 를 생각해야 합니다. 리더 입장에선 지금 중요한 문제는 무엇이고, 가장 나은 대책은 무엇이며, 앞으로 어떻게 될 것인지 알아야 합니다. 그런 맥락에서 머릿속에 그림을 그려주기 위해선, 결과 이미지를 보여주는 것이 가장 좋은데요. 시제품Prototype을 제시하거나, 고객 관점에서 어떤 경험일지 기대 효과를 서술하는 것도 좋습니다. 앞서 언급했던 것처럼 아마존에선 새로운 프로젝트 기획 시 PRFAQ 형식으로 글을 써야 하는데요. 특히 고객이 사용하는 시점을 상상하여 가상의 홍보 기사를 쓰는 과정을 통해 '미래 이미지'를 함께 그리고, 그것이 장기적인 비전과 일치하는지, 어떤 것들이 미리 준비되어 있어야 할지 판단하게 됩니다. 아마존의 PRFAQ 방법론에 관심 있는 분들에겐 책 『순서 파괴』를 추천합니다. 참고할 만한 다양한 사례가 제시되어 있습니다.

보고 시 중요한 요소 중 하나는 의외로 '타이밍'입니다. 정말 급한 일이라면 구두 혹은 전화로 보고해야 할 필요도 있고, 그렇지 않은 상황에선 정기회의나 1:1 미팅으로 보고하게 됩니다. 통상적으로 나쁜 소식은 최대한 빨리, 좋은 소식은 계획대로 정리해서 보고하는 것이 좋죠. 이때 리더를 놀라지 않게 하면서 참여시키는 것이 중요한데요. 저는 팀원들에게 데드라인에 딱 맞춰 보고하지 말고, 며칠 전에 초안을 먼저 공유해달라고 요청합니다.

낮은 완성도는 시간만 있다면 얼마든지 보강할 수 있지만, 방향성이 맞지 않으면 기획서를 처음부터 다시 써야 하기 때문이죠. 일단 방향성이 맞는지 중간 점검을 하기 위해서라도 빠르게 소통하는 것이 필요합니다. 리더 입장에서도 데드라인보다 여유가 있기 때문에 퀄리티에 대해 기대가 낮고, 자신의 의견을 반영할 수 있어서 더 좋습니다. 팀원은 리더 피드백을 통해 퀄리티를 높일 수 있고, 의사결정 및 실행에 있어서도 더 힘을 받을 수 있겠죠. 즉, **보고는 단순히 기획서를 전달하는 과정이 아니라 '함께 만들어가는 과정' 그 자체입니다.**

## 나쁜 소식은 어떻게 보고할까?

일을 하다 보면, 실수나 잘못을 수습해야 하는 상황도 발생합니다. 자칫 무능해 보일 수 있다는 생각부터, 평가에 영향을 미칠 수 있다는 걱정까지 여러 가지를 염려할 수 있습니다. 사실은 그때가 진짜 일을 잘하는 사람과 그렇지 않은 사람이 구분되는 시점입니다. 담당자로서 책임감과 커뮤니케이션 능력, 무엇보다 진정성을 확인할 수 있는 좋은 기회이기 때문입니다. 그런 상황에선, 지체 없이 자신의 잘못을 솔직하게 드러내고, 원인이 무엇이었는지 객관적으로 밝히고, 앞으로 어떻게 처리할 것인지 정리하여 보고해야 합니다. 시간을 지체하거나, 수습해보겠다고 애쓰는 것보다 있는 그대로의 상황을 공유하고 함께 문제를 해결하는 것이 낫습니다.

물론, 상황을 수습하고 난 뒤에는 명백하게 회고를 해야 합니다. 누군가를 탓하거나 잘잘못을 따지기 위한 회고가 아닌, 다음에 반복되지 않기 위해서 무엇을 해야 하는지, 시스템과 프로세스를 개선하기 위한 논의가 되어야 합니다. 물론 온전히 개인의 실수로 일어난 일이라면 그에 합당한 책임을 져야 옳겠지만, 조직에서 일어나는 대부분의 실수는 그러한 상황을 미연에 방지하기 위한 다양한 조치가 없어서 벌어지기 때문이죠. 소 잃고 외양간을 고치듯, 작은 실수나 실패가 발생했을 때 더 단단한 체계를 만들고 준비하는 계기로 삼는 것이 중요합니다. **소 잃고 외양간이라도 제대로 고치는 조직은 의외로 건강한 조직입니다.**

평가 때문에 보고가 망설여질 수도 있습니다. 하지만 두려워해야 하는 것은 평가가 아니라 평판입니다. 본인의 잘못 혹은 실수로 올해 평가가 나쁜 것은 어쩔 수 없는 일입니다. 하지만 잘못을 숨기거나 남의 탓을 하는 식으로 무마하는 것은 잠시나마 평가를 긍정적으로 만들 수는 있겠지만, 장기적으로 '신뢰할 수 없는 동료'라는 평판을 얻게 됩니다. 결국 진짜 평가는 연말 평가가 아니라, '내가 창업을 하거나, 혹은 회사를 옮기게 되었을 때 누구와 함께 하고 싶은가?'라는 질문을 했을 때 떠오르는 사람이 되는 것입니다. 더 멀리 바라보고, 평가보다는 평판을 쌓아나가는 사람이 되길 기원해 봅니다.

> "여러분이 지도자로서 가장 들을 필요가 있는 것이 바로 나쁜 소식이다. 좋은 소식은 내일도 좋은 것이지만 나쁜 소식은 내일이면 더 나빠질 것이다. 바로 이것이 비록 사실이 가슴 아프더라도 언제나 까다로운 질문을 하고 사실을 말하는 것이 안전한 이유다."
>
> — 에릭 슈미트

3장

# 리더를 매니징하라, Manage Up

# 1

# 리더를
# 매니징하라

'Manage up'은 사전적 정의로 '상사와 성공적인 관계를 쌓다.' 입니다. 한번 생각해 볼까요? 리더가 모든 것을 다 꿰뚫고 구성원들에게 시간을 투자할 수 있는지에 대해서 말입니다. 리더의 매니징을 기다리는 구성원과 리더가 잘 매니징할 수 있도록 만드는 구성원의 차이에 대해 살펴보고자 합니다. 탁월한 A급 팀원은 성과를 내는 것뿐만이 아니라, 리더가 자신에게 어떤 지원과 지지를 해줘야 하는지, 리더의 시간까지도 매니징할 수 있어야 하거든요.

# 내가 하려는 일이 팀에 기여하는 일

내가 원하는 일을 하는 가장 중요한 방법은 '내가 하려는 일은 팀에 기여하는 일이라는 것을 인지'시키는 것입니다. 간단하게 표현하면 '나의 시간 사용은 팀의 목표를 달성하려는 것이다.'라는 메시지를 내 리더에게 전하는 것이죠. 내가 하려는 일을 조직에 얼라인시키는 것을 리더가 인정할 수 있도록 만든다면 리더는 나를 지원하고 지지해줄 수밖에 없기 때문입니다. 반대로 내가 하는 일이 도대체 어디에 도움이 되는지 리더가 모른다면 본인의 시간과 지식, 경험을 나에게 투자할 이유가 없어진다는 의미이기도 합니다. 그래서 리더와 소통할 때 원칙은 한 가지입니다. "이번에 팀의 목표인 ○○○에 기여하기 위해 A라는 방식으로 진행하려고 합니다."라며 팀의 목표와 내가 하려는 과업을 연결해서 이야기하는 것이죠. 자, 그럼 리더를 매니징하는 몇 가지 단계를 공유해 보도록 하겠습니다.

### 1단계: Awareness

일을 할 때 가장 중요한 것은 자기 인식입니다. 이때 자기 인식은 3가지로 구분됩니다. 팀의 목표, 리더, 그리고 팔로워인 나 자신에 대해서이죠.

나의 첫 커리어 브랜딩

### 1) 조직의 목적은 무엇인가?

리더가 가장 중요하게 여기는 부분은 무엇일까요? 그것은 바로 팀의 목표입니다. 팀의 목표가 리더에게 주어진 과업이자, 리더를 평가하는 기준이 되기 때문입니다. 그래서 내가 하려는 일이 리더가 중요하게 여기는 팀의 목표에 어떤 기여를 하고, 영향을 주는지 리더가 인지하도록 '내가 하고 있는 일과 방법들이 팀의 목표에 얼라인'되도록 설계하는 것입니다. 그래서 조직의 목적을 '리더가 중요하게 여기는 것'이라고 표현하기도 하죠.

### 2) 리더의 성향은 무엇인가?

두 번째로 중요한 것은 리더의 성향입니다. 이것은 리더의 일하는 방식과 태도를 나타내기 때문이죠. 계획하기를 좋아하는 리더는 '예측 가능함'을, 도전적으로 일하는 것을 좋아하는 리더는 '새로운 방식'을 업무에 적용하는 것을 선호합니다. '관계'를 중요하게 여기는 리더와 '성과'에 초점을 맞추는 리더는 서로 다른 방식으로 일하게 되죠. 리더의 성향을 파악하는 것은 리더에게 맞춘다는 뜻입니다. 리더에게 맞추는 이유는 '내가 하려는 일을 리더가 선호하는 패턴에 맞춰서 소통하는 방식, 일하는 방식에 변화를 주는 것'일 뿐이죠. 중요한 것은 내가 하려는 일을 하는 것이니까요.

### 3) 내가 가진 역량은 무엇인가?

세 번째는 '나에 대한 인식'입니다. 내가 하려는 일, 나에게 주어진 일을 잘하기 위해서 내가 가진 지식, 경험, 스킬, tool, 자격 등이 얼마나 준비되어 있는지, 어느 정도의 능숙함을 가지고 있는지, 부족한 것은 무엇인지 등을 이해하는 것이죠. 직무 역량 자기 인식이라고 부르는 역량 분석은 이후 planning에서 리더에게 주도권을 받거나 지원받기 위해 필요한 부분입니다. 간단하게 이야기해서 '내 과업을 성공시키기 위해 내가 잘할 수 있는 것과 도움을 받아야 할 것'을 정리하는 것입니다.

### 2단계: Planning

이 단계에서 가장 중요한 포인트는 '합의'입니다. 즉, 리더와 팔로워가 서로의 할 일(과업), 점검 계획, 실행 전과 과정에서 필요한 지식과 정보들을 공유하는 방식인 것이죠.

### 1) Do I & Support

과업 수행 계획을 세울 때 가장 중요한 것은 바로 '내가 할 일'과 '리더에게 지원받아야 할 일'을 구분하는 것입니다. 하나의 규칙을 세우자는 것이죠. 예를 들어, 팀원인 나는 '자료를 취합하고, 외부 인사 10명을 만나 인터뷰하고 인사이트를 찾아서 매주 화요일 오전에 리더와 1 on 1을 받겠다.'라고 정했다면 리더는 '내가 만났으면 좋을 외부 인사를 추천해 주고, 그들과 나를 연결해 준다. 그리고 매주 화요일 1 on 1 미팅에서 이후 프로젝트에 사용할 인사이트를 함께 선정한다.' 등의 일을 한다고 정하는 것입니다. 이때 필요한 것이 바로 내가 하려는 과업을 잘 수행하기 위해 내가 잘할 수 있는 부분과 잘하지 못하는 부분을 구분하는 것이죠. 그래야 내가 주도적으로 수행할 방법과 리더에게 도움받을 것이 정리되거든요.

### 2) 기존 방식과 새로운 방식

planning을 할 때 '성장' 관점에서 2가지를 제안합니다. 하나는 과거에 사용했었던 방식 중 좋았던 것을 반복하는 것이고, 다른 하나는 기존과는 전혀 다른 새로운 방식에 도전해 보는 것입니다. 이 두 가지를 함께 제안하는 이유는 지식과 경험이 빠르게 확장되며 이전 방식으로는 성공할 수 없는 시대가 되었기 때문입니다.

### 3) 학습

그래서 새로운 방식을 위해 무엇을, 어떻게, 누구로부터 학습할지 고민하고 리더와 논의해야 합니다. 이 과정을 통해 팔로워는 리더로부터 '어떤 과업을 맡겨도 배우고 시도해 보려고 노력하는 인재'라는 브랜딩을 갖게 되기도 하겠죠.

### 3단계: Feedback + Feedforward

3단계는 간단하게 평가와 피드백, 피드포워드를 반복해서 사용하는 것입니다.

### 1) 중간 점검 & 정보 공유(피드백 + 피드포워드)

중간 점검이 필요한 이유가 몇 가지 있습니다. 팔로워 혼자서 일을 진행하게 되면 그의 지식과 경험만이 업무에 반영됩니다. 그런데 중간 점검을 통해 리더와 1 on 1을 하게 되면 리더가 가지고 있는 지식과 경험이 반영될 수 있겠죠. 팔로워가 모르는 지식, 더 높은 수준의 경험이 포함되는 순간 팔로워의 과업이 성공할 확률이 올라간다는 것을 꼭 기억해야 합니다. 또 다른 이유는 바로 리더의 불안감을 낮추기 위해서입니다. 리더가 탁월한 팀원에게 위임했다고 하더라도 언제나 불안감을 가지고 있습니다. 리더가 보지 못하고 있기 때문이죠. 그래서 중간중간 진행 과정, 예상 결과, 어려움과 그 어려움을 어떻게 극복하고 있는지, 리더에게 지원받고 싶은 부분 등을 공유해야 리더의 불안감을 낮출 수 있습니다. 리더의 불안감이 낮아지면 팔로워에게는 더 많은 주도권이 주어진다는 것도 잊지 마세요.

리더 또한 자신의 리더에게 현재 진행되고 있는 과업들을 보고하거나 미팅해야 할 때가 자주 있습니다. 팀원에게 위임하고 그 과정을 잘 인지하지 못하고 있다면, 상위 리더에게 방임이라는 잘못된 메시지를 줄 수도 있기 때문에 언제나 리더와 'on the same page' 할 수 있도록 중간 점검 또는 정보들을 공유해보세요.

### 2) 평가 + 피드백 + 피드포워드

과업이 마무리되고 나서 해야 할 것은 우선 평가입니다. 기존에 목표했던 부분을 얼마나 달성했는가를 보는 것이죠. 평가가 끝났다면 과정에서 잘했던 부분과 부족했던 부분을 피드백하고, 마지막으로 이후 내 업무에 어떤 변화를 줄 것인지를 피드포워드 하는 시간이 있어야 합니다. 그리고 이 결과물을 리더와 공유하고 함께 논의하는 것이죠. 이 과정을 통해 리더는 다음에 더 큰 성장의 기회를 팔로워에게 줄 수 있는지 판단하게 됩니다.

### 3) 성공/실패 사례 (지식화)

최종적으로 평가, 피드백, 피드포워드가 끝났다면 결과물에 대한 지식화 작업이 진행되어야 합니다. 평가, 피드백, 피드포워드 내용을 인사이트, 프로세스, 매뉴얼, 체크리스트 등으로 정리해서 다른 구성원들이 사용할 수 있도록 도구화하는 것이죠. 이 과정을 통해 내가 경험한 지식을 동료들에게 공유할 수 있게 되고, 동료의 성장과 성공을 돕는 영향력을 보여줄 수 있습니다. 나의 성장이 동료의 성장으로 연결되는 것이죠.

## 리더가 나에게 시간을 쓰도록 만들어라

여러분의 팀장님은 몇 명의 팀원과 함께 일을 하고 있나요? 제가 만나본 수많은 팀장님들 중 1~3명의 소수 팀원과 일하는 분도 있지만, 332명의 팀원과 함께 일하는 팀장님도 있었습니다. 만약 10여 명의 팀원들과 함께 일한다면 팀장은 누구에게 시간을 많이 쓰게 될까요? 팀에서 가장 많은 경험을 했고, 많은 지식을 가지고 있는 팀장이 내 일에 관심을 가지고 나의 성장을 돕는 데 시간을 사용한다면 어떨까요? 여러분의 성장 속도는 꽤 빨라질 것입니다.

신입사원에게 처음부터 과업을 위임하는 리더는 흔치 않습니다. 오히려 구체적인 과업과 일하는 방식을 알려주고, 디테일하게 피드백하는 것을 선호하죠. 이유는 신입사원은 수행해야 할 과업에 대한 지식, 경험이 없기 때문에 누군가가 옆에서 지켜봐줘야 하기 때문입니다. 그럼 신입사원은 팀장에게 어떤 부분을 요구해야 할까요? 그것은 바로 '구체적인 방법'과 '참고할 레퍼런스' 마지막으로 '중간 점검 시간 확보'입니다. 이를 위해 1) 구체적인 과업과 기대 목표, 2) 과업을 수행하기 위해 내가 가지고 있는 지식과 경험, 3) 추가적으로 알면 도움이 될 지식과 경험, 4) 타임 라인 확인, 이 4가지를 먼저 정리해 보길 추천합니다.

### 1) 구체적인 과업과 기대 목표

팀장님이 나에게 부여한 과업과 기대치가 무엇인지를 파악하는 것입니다. 만약 VIP 고객 데이터 분석에 대한 과업을 받았다면 '기대하는 VIP 고객 데이터 분석 결과'와 '데이터를 통해 팀장님이 얻고자 하는 목적'을 여쭤보면 좋겠습니다.

### 2) 과업을 수행하기 위해 내가 이미 알고 있는 지식과 경험

만약 과거에 비슷한 데이터 분석을 해 본 적이 있다면 "지난달 이탈 고객 데이터 분석을 했을 때 3가지로 구분해서 이탈 시기와 주요 이유를 정리했었는데 같은 관점에서 정리하면 될까요?"라고 내 지식과 경험을 공유하는 것이죠. 이때 엑셀, PPT 등 원하는 결과 양식을 문의하고 내가 사용할 수 있는 TOOL을 고려해 보는 것도 중요합니다.

### 3) 과업 수행을 하면서 내가 알면 도움이 되는 지식과 경험

내가 지원받을 수 있는 부분을 확인하는 절차입니다. "혹시 제가 참고할 만한 레퍼런스나 제가 추가로 고민해야 할 부분이 있을까요?"라고 물어보는 것이죠.

### 4) 타임 라인

타임 라인은 2가지를 확인해야 합니다. 하나는 중간 점검입니다. 즉, 모든 결과물을 만든 상태에서 피드백을 받게 되면 수정사항이 있을 때 꽤 많은 부분을 손대야 합니다. 이때 리더에게 남은 시간도 줄어들겠죠. 그래서 30~50% 진척되었을 타이밍에 중간 점검을 먼저 요청하면 좋습니다. "팀장님, 내일 오후에 중간 점검을 한번 해줄 수 있으실까요?"라고 말하며 리더의 시간을 먼저 확보해야 합니다. 팀에서 가장 바쁜 사람이 리더이기 때문이죠. 두 번째로는 최종 결과물을 산출하는 시간을 확인하는 것입니다. "이번 주 목요일 팀장님 퇴근하시기 전까지 분석 결과를 PPT로 정리해서 공유드리면 될까요?"

　이 내용들을 아래와 같이 표로 정리해 놓고 팀장님과 논의하면 조금 더 센스 있게 과업을 수행할 수 있습니다. 모든 업무를 나 혼자서 할 수 있는 사람은 없습니다. 내가 잘할 수 있는 영역과 도움을 받아야 할 영역을 구분해서 일하는 것이 팀을 위해 더 현명한 방법이죠. 특히 아래와 같은 표는 내가 맡고 있는 과업들을 한 눈에 볼 수 있어 팀장에게 내 강점을 브랜딩할 수 있는 좋은 도구가 되며, 성과 평가 미팅 때도 내 결과물을 잘 정리해서 어필할 수 있는 중요한 자료가 됩니다. 그리고 서포트 영역에서 도움받았던 부분들에 대해 팀장 및 선배들에게 감사 인사를 한다면 다른 지식과 경험을 가진 동료들의 서포트를 계속 받을 수 있게 되기도 하죠. "지난번 서 과장님께서 보고서 작성하는 팁을 주셔서 많이 배웠습니다. 팀장님께도 서 과장님께 배웠다고 말씀드렸더니 서 과장님이 데이터 분석은 가장 잘한다고 칭찬하시더라고요."라고 이야기해 보세요.

| 과업 | 내 지식과 경험 | 서포트 영역 | 타임 라인 |
|---|---|---|---|
| 1) VIP 고객 데이터 분석 결과를 통한 인사이트 5가지 찾기 | 이탈 고객 데이터 분석과 같은 패턴으로 정리, PPT 활용 | * 작년 VIP 데이터 분석 자료를 팀장님께 받아서 참고 예정.<br>* 서 과장에게 먼저 멘토링 구하기(팀장님이 먼저 서 과장에게 이야기할 예정) | * 중간 점검: 화요일 오후<br>* 최종 결과물 보고: 목요일 팀장님 퇴근 전 |
| 2) | | | |
| 3) | | | |

## 리더의 몰입을 관리하라

리더에게 가장 중요한 것은 무엇일까요? 아마 사람마다 다를 겁니다. 여러 가지가 있겠지만 중요한 부분은 바로 '인정'입니다. 즉, 내가 구성원들에게 긍정적 영향을 주는 리더의 자격을 갖췄다고 인정받는 것이죠. 그런데 우리는 리더에 대한 칭찬을 아부로 오해하기도 합니다. CEO 또한 "저도 칭찬받고 싶어요."라는 말을 할 정도로 인정과 칭찬에 굶주려 있다고 해야 할까요?

리더를 향한 인정과 칭찬이 아부가 되지 않도록 하기 위해서는 3가지를 반영하면 됩니다. 1) 리더의 구체적인 행동, 2) 그 행동이 나에게 준 긍정적 영향, 3) 이로 인해 내가 변화된 행동입니다.

예를 들어 "팀장님, 너무 멋져요. 감사해요."라는 칭찬을 했다면 이는 아부로 볼 수 있습니다. 근거가 없기 때문이죠. "팀장님, 이번에 늦은 시간까지 저희들과 함께 작업해 주셔서 감사해요. 팀장님 바쁘신데 함께 해주셔서 죄송하기도 했지만, 지켜주시는 것 같아 든든했어요. 다음부터는 밤샘 작업 없도록 꼭 중간 점검해서 미리 보고 드릴게요."라고 했다면 이는 리더를 향한 구체적인 인정과 칭찬이죠.

두 가지 상황 모두 칭찬을 받은 리더는 기분이 좋을 수 있습니다. 하지만 후자의 경우에는 리더가 이후에도 팀원들과 함께할 시간이 필요한지를 찾아서 함께 시간을 보내주려고 노력하게 되고, 구성원들에게 긍정적 피드백을 줬다는 리더십의 작은 성공 경험을 얻게 되죠. 또한 팔로워의 인정과 칭찬을 통해 조금 더 나은 리더십을 발휘할 수 있도록 몰입하는 긍정적 영향을 줄 수 있습니다.

# 2

# *Goal Alignment,*
# *시키는 것과 하고 싶은 것 사이에서*

## 상향식 목표와 하향식 목표의 충돌

여러분들은 주도적으로 달성하고 싶은 목표를 제시하나요, 아니면 리더가 시키는 대로 잘 따르나요? 제가 지금까지 리더 역할을 해오면서, 가장 미묘하면서 다루기 어려운 문제는 바로 하향 목표Top-down와 상향 목표Bottom-up의 충돌이었습니다. 위에서부터 내려오는 하향 목표와 아래에서부터 스스로 정하는 상향 목표는 각기 다른 강점을 가집니다.

우선, 하향 목표는 경영자의 관점 및 조직의 기대를 담고 있습니다. 실무자의 입장에서 다소 이해되지 않는 업무 지시도 있을 수 있지만, 그럼에도 조직이 나아가야 할 방향을 최종적으로 결정하고 책임지는 것은 경영자를 중심으로 한 리더 그룹임에 분명합니다. 더불어 하향 목표가 강조되면, 각 팀별 목표를 얼라인하는 것도 상대적으로 쉬울 수 있습니다. 종종 수평적 조직문화를 지향하는 조직들 중에서 팀 간 목표가 제대로 조율되지 못해서 갈등을 낳는 경우도 많은데, 그럴 때는 최상단에서부터 강력하게 전사 우선순위를 조정해서 팀 간의 갈등을 해소할 필요가 있습니다. 또한 경영자의 의사결정은 대부분 갈등과 모순 관계를 포함하고 있기 때문에, 모두가 행복한 의사결정은 존재하지 않음을 이해할 필요도 있습니다.

반대로, 상향 목표는 실제로 업무를 담당하는 실무자의 관점이 강조됩니다. 각자 현장에서 업무를 하다 보면, 리더 그룹이나 경영자가 잘 인지하지 못하는 경험과 지식이 쌓이게 되는데요. 그러한 관점에서의 아이디어나 의견이 조직에 반영되는 것은 본인의 동기부여뿐만 아니라 조직의 발전에 많은 영향을 미치게 됩니다. 피터 드러커는 앞으로 지식이 더 중요해지는 세상이 될수록 '명령과 통제'가 아닌 '자율과 분권'에 의해서 조직이 관리되어야 한다고 믿었고, 그가 만든 MBO<sub>Management by Objectives</sub> 역시 구성원을 목표 설정에 참여시키고, 그들 스스로 목표 달성 정도를 평가하도록 하는 관리 방법이었습니다. 다시 말해, **자율에서 비롯된 몰입과 동기부여는 지식 근로자인 우리에게 아주 중요한 관점이 아닐 수 없죠.**

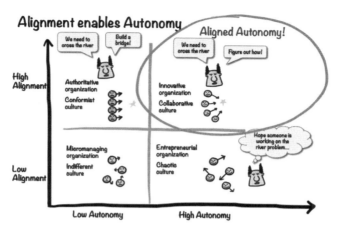

출처: Henrik Kniberg, 'Spotify Engineering Culture'

하향식 목표와 상향식 목표의 특징을 살펴봤지만, 각각이 가지는 강점과 약점이 분명하죠. 그리고 정답도 없습니다. 조직이 처한 상황이나, 경영자가 추구하는 가치에 따라서 각 조직들은 천차만별로 운영될 수 있죠. 하지만 스타트업으로 한정을 지어보자면 대부분의 기업들이 추구하는 것은 하향과 상향의 최적점입니다. 위의 표에서처럼 **'전사적으로 얼라인되면서도 자율성을 잃어버리지 않은 상태**Aligned Autonomy'인 것이죠. 하지만 이 목표는 정말 어렵습니다. 스포티파이에서도 자율성을 너무 강조하지 않았어야 했다는 내부 증언들이 나오고 있는 상황이고, 반대로 대기업에서도 자율성을 높이기 위한 다양한 노력을 기울이지만, 위계적인 조직 문화상 변화가 쉽지 않습니다. 두 가지 상충하는 목표를 모두 이루는 방법은 과연 없을까요?

## 1:1 대화의 세 가지 시나리오

저는 이러한 상황을 극복하기 위해서 반드시 필요한 것이 리더와 구성원의 1:1 대화라고 생각합니다. 하향 및 상향식 관리를 모두 포함하는 미들 업다운 관리Middle-up-down Management는 1:1 대화에서만 가능하다고 믿습니다. 왜일까요? 한 가지 예를 들어, 위에서부터 높은 목표가 주어졌다고 가정해 봅시다. 대부분의 리더는 끊임없이 더 높은 목표를 추구하고자 애씁니다. 이때 실무자가 해당 목표에 대해서 "Yes!"라고 말하면 만족스러울까요? 막상 그렇지 않을 수도 있습니다. 3가지 Yes 시나리오가 존재하기 때문이다.

첫 번째 시나리오는 높은 하향식 목표를 받아들이는 Yes입니다. 어찌 보면 조직 관점에서 가장 바람직한 상태라고 볼 수 있으며, 서로의 동기부여가 충분하고 분위기가 가장 좋을 때 일어나는 현상입니다.

두 번째 시나리오는 실무자 입장에서 낮은 목표에 대한 Yes입니다. 첫 번째와 동일하게, 실무자도 납득하는 목표이긴 하지만 차이점은 충분히 도전적이지 않다는 것이죠. 다시 말해, 리더 스스로가 목표에 대한 의지가 없거나, '이만하면 되지.' 정도로 생각하는 상황입니다. 그런 상황에서도 서로 간 갈등은 드러나지 않을 수 있습니다. 겉으론 충분히 웃을 수 있는 것이죠. 사실 이러한 경우에는 리더에게 더 문제가 있긴 하지만, 실무자 입장에서도 좋기만 한 것은 아닙니다. 특히 스스로 분명한 경력 목표를 가진, 열정이 가득한 실무자라면 어떨까요? 낮은 하향식 목표 그 자체가 되레 스트레스가 될 수도 있습니다. 몰입 또한 어려울 수 있겠죠.

마지막 시나리오는 바로, 높은 목표에 대한 거짓 Yes입니다. 리더 앞에선 Yes라고 말하지만, 실은 납득하지 못한 상태(No)라고 볼 수 있죠. 어쩌면 가장 흔하게 발생할 수 있는 상황이죠. 하지만 서로 부딪치는 상황이 싫어서 겉으로 Yes라고 말할 뿐입니다. 자연스럽게 실무자는 목표에 몰입하지 못하고, 결과에 대한 헌신도 기대하기 어렵습니다. 일을 천천히 따라가더라도, 리더와 신뢰 관계를 구축하는 것은 반드시 필요한데, 이런 상황이 서로 겉도는 관계가 형성되는 대표적인 사례입니다. 서로가 서로에 대한 기대 없이, 그저 서로 필요한 가면을 쓰고 타성에 젖은 채 일하는 것이죠.

## 나이키의 첫 번째 직원, 제프 존슨의 이야기

본 글에서 첫 번째와 두 번째 사례는 다루지 않을 것입니다. 첫 번째는 걱정할 것이 없고, 두 번째는 리더십 이슈이기 때문입니다. 아마도 가장 흔히 일어나는 갈등은 세 번째 시나리오가 아닐까요. 높은 목표에 대해서 실은 NO를 하고 있다면, 모두가 목표를 이야기하지만 실제로 목표는 이야기된 적 없는, 허상의 지표일 뿐이겠죠. 관련하여 제가 여러분께 소개하고 싶은 인물은 나이키의 첫 번째 직원, 제프 존슨입니다.

나이키의 창업자 필 나이트의 책 『슈독』은 신발에 미친 사람들의 놀라운 이야기인데요. 다양한 괴짜들이 등장하지만, 그중에서도 제 눈을 사로잡은 건 필 나이트가 처음 고용한 직원인 제프 존슨Jeff Johnson이었습니다. 그는 정말 아무것도 갖춰진 것이 없는 상황에서 미국 방방곡곡으로 신발을 팔러 돌아다녔고, 고객 한 명한 명을 꼼꼼하게 관리한 타고난 세일즈맨이었습니다. 필은 개성이 강한 존슨이 본인 스타일대로 일하도록 내버려뒀고, 존슨은 일주일 내내 쉬지 않고 일하며 그에 호응했습니다. 제가 놀라웠던 부분은 존슨이 보여준 열정과 에너지가 아니라, '일단 해 보겠다.'는 마음입니다. 필은 너무하다 싶을 정도로 위기의 순간마다 존슨을 찾습니다. 특히나 세일즈에 탁월한 존슨에게 공장을 경영해 달라고 부탁할 때, 그들의 대화가 흥미로웠고 그때 존슨이 보여준 반응도 재미있었습니다.

> 나는 달리기를 멈추고, 두 손을 무릎에 얹고는 존슨에게 말했다. "이제부터는 자네가 공장을 맡도록 해." (…) 존슨은 어이없다는 듯 말했다. "지금까지 살면서 그렇게 정신 나간 소리는 들어본 적 없어. 이제 와서 동부로 가는 건 정신 나간 짓이야. 게다가 난 공장 경영에 관해서는 아무것도 몰라. 완전히 내 능력 밖의 일이야." 나는 계속 웃다가 이렇게 말했다. "능력 밖의 일이라고? 우리 모두 능력 밖의 일을 하고 있어. 그것도 엄청나게 밖에 있는 일을 말이야!"
>
> — 필 나이트, 『슈독』

결과는 어떻게 되었을까요? 존슨은 얼굴을 찡그리다가 고개를 끄덕였습니다. "좋아. 그렇게 하지." 길게 한숨을 쉬고 아마도 많은 생각을 했을 테지만, 공장 경영에 대해 아무것도 모르지만, 존슨은 결국 그 일을 기꺼이 맡아서 하겠다고 했습니다. 배워가면서 말이죠. 저는 이 대화를 읽으면서, 필 나이트와 존슨의 1:1 대화 흐름이 인상 깊었습니다. 흔쾌히 Yes를 할 순 없겠지만, 그럼에도 충분히 고민하고 난 후 어쨌든 한번 해 보자고 "Anyway Yes!"라고 말하는 과정은 충돌과 헌신의 전형으로 느껴졌습니다. 참고로 필 나이트는 마이크로 매니저가 아닙니다. 하향식 결정이 내려진 이후, 상세한 지침에 대해선 존슨에게 믿고 맡기는 스타일이었습니다. 존슨 역시 스스로에게 부여된 자율의 범위가 크다는 것을 알고 있기 때문에 필 나이트와 여전히 함께하려는 것이 아니었을까요?

물론 저도 알고 있습니다. 앞서 말한 나이키 이야기는 1970년대, 전 세계가 고도로 성장하던 시기에 있었던 일입니다. 시대는 빠르게 변화하고 있고, 일하는 사람들의 마인드셋 역시 달라지고 있죠. 실제로 직장을 그만두진 않지만 자신이 맡은 업무만 최소한으로 하는 '조용한 퇴사'는 일반적인 용어가 되었습니다. 소위 월급 받은 만큼만 일하는 세상이 된 것입니다. 물론, 자신의 누려야 할 권리를 주장하는 것은 중요합니다. **그럼에도, 한 번쯤은 나이키의 정신처럼 "Just Do it!"이라고 말해보는 건 어떨까요?** 과거에든 지금이든 '어떤 것이든 일단 해 보겠다고 말하는 사람'은 여전히 드물고, 그들은 조금씩이나마 세상을 바꿔나가고 있기 때문입니다. 그런 의미에서 필 나이트는 엄청난 행운아입니다. 첫 번째 직원이 하필이면 이렇게 헌신적이고 열정적인 사람이라니 말이죠!

## 리더가 기대하지 않는 제안을 하고 싶다면?

만약 여러분이 리더가 전혀 기대하지 않는 제안을 하고 싶다면, 어떻게 해야 할까요? **주도적으로 아이디어를 제안하는 건 언제든 권할 만한 행동입니다. 다만, 사전 맥락을 고려할 필요가 있습니다.** 첫째, 그 제안이 리더가 평소 기대할 만한 행동인지, 아니면 전혀 기대하지 않은 영역에 대한 것인지에 따라서 반응이 다를 수 있습니다. 만약 후자의 경우라면, 좀 더 고민이 필요할 수 있는데요. 특히 리더가 기대하는 성과를 이미 충분히 잘 달성하고 있고, 신뢰 관계가 쌓여있는 상태라면 괜찮을 수 있습니다. 기본적으로 주어진 업무도 책임감 있게 잘 하면서, 새로운 영역에 관심도 많다는 긍정적 인상을 받을 수 있겠죠. 반대로 기대하는 성과를 창출하지 못하는 상태에서 새로운 제안을 제시받을 경우, 리더 입장에선 그다지 반갑지 않을 수도 있습니다. 그전에 먼저 '해야 하는 일'부터 잘하라는 피드백을 줄 수도 있죠.

두 번째, 만약 사전에 기대할 만한 제안이라고 하더라도 의사결정의 성공률을 높이는 팁이 있습니다. 마치 축구 경기에서의 '빌드업 전술'처럼 바닥부터 하나씩 만들어나가는 방법인데요. 리더와의 1:1 미팅, 혹은 점심시간에 슬쩍 고민을 털어놓는 것입니다. "사실, 제가 요즘 이러이러한 영역에 대해서 고민이 있는데요. 혹시 평소에 어떻게 생각하셨어요?"라고 질문해볼 수 있겠죠. 그러면 리더 입장에선 부담 없이 생각을 공유할 수 있고, 또 팀원이 이런 관점에서 고민하고 있다는 사실을 인지하게 됩니다. 그렇게 사전에 몇 번 정도 소통하고 난 뒤에, 본격적인 기획서를 작성해서 제안하면 리더 입장에선 다른 경험을 하게 됩니다. 사전에 이미 들은 내용이기 때문에 '감정적으로' 놀라지 않게 되고, 또 본인의 아이디어를 교류했기 때문에 해당 기획에 '참여했다'는 느낌을 갖게 됩니다. 결국, 여러분의 아이디어를 관철시킬 가능성도 높아지게 되죠.

**의사결정에 있어서, 순서는 중요합니다.** 다수의 의사결정이 필요한 경우라고 가정해 봅시다. 모두 모여서 미팅을 하고 이후에 별도 미팅을 진행하는 것과 별도 미팅을 진행하고 모두 모여서 미팅을 하는 것은 과정적으로는 비슷해 보이지만, 다른 결과를 낳습니다. 특히 대부분의 사람들은 '예상하지 못한 일'이 일어날 때 더 부정적인 정서를 갖게 되는데, 공식 미팅 전에 사전에 공유되면 더 관대하게 반응하기 마련입니다. 더 배려해준다는 인상을 받게 되는 것이죠. 똑같은 1:1 논의라도, 공식 미팅 이후에 진행되면 좀 더 까다롭게 사안을 파악하려고 하거나, 주도적이기보다는 수동적으로 대응하는 경우가 많습니다. 그래서 개인적으론 까다로운 주제일수록 1:1 미팅을 활발하게 진행하며, 아무도 깜짝 놀

나의 첫 커리어 브랜딩

라는 일이 없도록 기대 관리를 잘하려고 노력합니다. 생각을 현
실로 관철시키기 위해 필요한, 사회적 기술이라고 볼 수도 있겠
네요.

# 3

# 직장 내 빌런을
# 상대하는 방법

## 빌런을 설명하는 심리학 개념, 어둠의 3요소

직장 생활을 하다 보면, 다양한 성향을 만나게 됩니다. 긍정적인 자극과 배울 점이 가득한 동료가 있는 한편, 그렇지 않은 경우도 있죠. 로버트 서튼의 책 『또라이 제로 조직』에선 말 그대로 '또라이'라는 말로 표현했는데, 저는 여기서 '빌런'이라고 불러보겠습니다. 만약 아직까지 빌런을 경험하지 못했다 하더라도, 커리어 전반에 걸쳐서 한 번쯤은 만날 가능성이 높습니다. 직장 내 빌런을 상대하고 또 함께 일하는 것은 아주 중요하기에 함께 알아보겠습니다.

첫 번째 질문. 그 사람과 이야기하고 나면, 우울해지고 비참해지고 기운 빠지고 초라해진 느낌이 드는가? 특히, 자기 자신에 대해 부정적인 시각을 갖게 되어버리는가?

두 번째 질문. 그 사람이, 자기보다 힘 있는 사람보다 힘없어 보이는 사람을 대상으로 그 추악한 성질을 부리지 않는가?

만약 둘 다 '그렇다'라고 한다면, 해당 인물은 빌런일 가능성이 높습니다. 그런데 왜, 그런 사람들이 조직에서 중요한 역할을 맡고 있을까요? 빌런을 설명하는, 적절한 심리학 용어는 '어둠의 3요소The Dark Triad'입니다. 응용심리학 분야 J. W. McHoskey가 발표한 논문에서 처음으로 언급되었으며, 나르시시즘Narcissism과 마키아벨리즘Machiavellism 그리고 사이코패시Psychopathy로 구성됩니다. 인간이 가진 어두운 면이자 사회적으로 바람직하지 않은 성격 유형을 이해하기 위한 노력이라 볼 수 있습니다.

**어둠의 3요소는 나르시시즘, 마키아벨리즘, 사이코패스가 상호 연관성이 있다고 주장합니다.** 높은 점수를 얻을수록 공감 능력이 떨어지고, 목적을 위해 수단 방법을 가리지 않고, 비윤리적일 가능성이 높습니다. 하지만 세상 모든 것에는 이중성이 있듯, 이러한 요소를 갖춘 사람들은 다른 사람들이 만들어내지 못하는 성취를 쉽게 이뤄내기도 합니다. 그래서 저는 쉽게 단정 짓기보다는 스펙트럼으로 이해해야 하고, 심리학 전문가의 견해를 충분히 고려해야 할 필요가 있으며, 평가나 판단의 잣대가 아닌 이해의 도구로 사용하고자 하는 것을 다시 한번 강조하고 싶습니다. 각 개념에 대한 정의는 아래와 같습니다.

## 어둠의 3요소란?

책 『나르시시스트 리더』에 따르면, 나르시시스트들은 보통 사람이 엄두도 내지 못하는 일을 함으로써 놀라움을 이끌어냅니다. 빼어난 달변가이자 위험을 감수하는 사람으로서 한구석에 숨어 있기보다는 선봉에 서는 경향이 있습니다. 하지만 그 과정에서 나르시시스트는 스스로를 구원자 혹은 영웅 역할로 바라봐 주기를 기대합니다. 과도하게 자기중심적인 모습을 보이고, 실제로도 자신이 우월하다고 생각하기에, 타인에게 관심을 주거나 공감을 하지 않죠. 다른 사람의 인정을 통해 자신의 정체성을 찾기 때문에 워커홀릭이 많은 편이고, 역설적으로 놀라운 성과를 창출하며 빠르게 인정을 받기도 합니다. 하지만 꾸준히 팀워크를 발휘하고 신뢰를 주는 동료가 되기에는 어려움이 있죠.

마키아벨리즘은 책『군주론』의 저자 니콜로 마키아벨리의 이름에서 비롯된 용어입니다. 타인에게 관심이 없고 자기중심적인 측면에선 나르시시즘과 유사한 모습을 보입니다. 더불어 그들의 행위는 조작과 착취, 교활함이란 단어로 설명할 수 있는데, 특히 자신의 목적을 위해 타인을 이용하려는 성향이 강합니다. 마키아벨리스트는 기본적으로 타인을 신뢰하지 않습니다. 하지만 흥미롭게도 그들은 자신의 필요에 따라 얼마든지 우호적이거나 이타적인 모습도 만들어낼 수 있습니다. 마치 뛰어난 영업사원의 능력처럼 보일 수 있는데요. 내가 필요한 것을 상대방이 가지고 있다고 판단하면, 그가 무엇을 원하는지 빠르게 간파하고 제공합니다.

마지막으로 반사회적 인격장애 중에서도 소시오패스는 나르시시즘 및 마키아벨리즘과 유사하면서도 한 가지 중요한 특징을 더 있는데요. 바로 자기인식 능력이 없다는 사실입니다. 그들은 반성을 하지 않기에, 경험을 통해서 새롭게 배우지 않습니다. 혹시 잘못된 일이 벌어진다면 다른 사람이나 환경, 혹은 운명을 비난합니다. 아무리 본인이 잘못한 문제라고 하더라도, 외부나 다른 사람들에게 비난의 화살을 돌립니다. 또한 그들은 비밀스럽게 1:1 관계를 맺고 잘못된 정보를 퍼뜨리는 것에 능합니다. 대화를 통해 쉽게 친밀감을 형성하되, 본인을 제외한 다른 사람들 간의 관계가 멀어지도록 교란시킵니다. 그 과정에서 사람들은 서로를 믿지 못하게 되기에 더욱더 본인에게 의존하고, 본인의 영향력을 강화하게 되죠.

결과적으로 그들은 경멸을 받거나, 혹은 극단적 숭배를 받습니다. 여러분도 직장 내 빌런을 경험한 적 있으신가요?

## 최악의 리더가 있는 부서는 실수하지 않는다

직장 내 빌런은 개인뿐만 아니라, 조직 문화적으로도 많은 영향을 미치게 되는데요. 흥미로운 실험이 있습니다. 하버드 경영대학원 에이미 C. 에드몬슨은 간호사를 대상으로 리더십과 동료관계가 실수에 어떤 영향을 미치는지 살펴봤습니다. 그 결과 리더십과 동료 관계가 좋다고 알려진 부서가 최악의 리더가 있는 부서에 비해서 **10배나 더 실수가 많은 것**으로 나타났습니다. 우리가 가진 일반적인 상식과 많이 다릅니다.

하지만 구체적인 증거를 수집한 결과, 리더십이 우수한 부서에 속한 간호사들이 실수를 훨씬 더 많이 보고한다는 사실을 발견했습니다. 그들은 충분한 심리적 안전감을 갖고 있었고, 실수를 인정하는 것을 두려워하지 않았던 것이죠. 반면 실수를 보고하지 않는 부서는 두려움이 만연한 곳이었습니다. 그런 분위기에선 진심으로 회사의 문제를 해결하기보다는 자신을 보호하는 데 온 힘을 기울이게 마련이죠. 빌런이 위험한 이유도, 그들은 조직의 신뢰를 망가뜨리고 협력적 문화를 저해하기 때문입니다. 과연 어떻게 대응해야 할까요?

## 첫 번째, 호구가 되지 말라

빌런들은 대체로 강자에게 약하고, 약자에게 강한 '강약약강'의 모습을 보입니다. 그들이 노리는 대상도 입사한 지 얼마 안 된 사람들, 마냥 순하고 착한 사람들이 될 가능성이 높습니다. 책 『기브 앤 테이크』에서 애덤 그랜트는 호혜 원칙에 따라 받기보다 주기를 좋아하는 '기버giver'와 받기를 좋아하는 '테이커taker', 그리고 손해와 이익의 균형을 이루는 '매처matcher'로 구분하는데요. 흥미롭게도 기버는 이타적 기버와 이기적 기버로 한 번 더 구분합니다. 성공 사다리의 꼭대기에는 타인을 도와주면서 자신도 함께 Win-Win하는 이기적 기버가 있지만, 맨 아래에는 테이커에게 이용만 당하는 이타적 기버가 있다는 것이죠. 소위 우리는 그들을 '호구'라고 부릅니다.

호구가 되지 않고 빌런에 대응하기 위해선 최악의 경우를 예상해야 합니다. 즉 **상대방에 대한 무조건적인 신뢰보다는 어떻게 행동하는지 먼저 관찰해야 합니다.** 만약 상대가 빌런임을 알게 되면, 즉시 기버가 아닌 매처처럼 행동해서 자신을 보호해야 합니다. 특히 빌런은 지나치게 긴밀한 1:1 관계를 맺고, 잦은 칭찬을 하고, 시간이 지나며 도움을 요청하기 시작하는데, 가급적 개인 소통 채널을 이용하기보다는 그룹 채널로 유도하고, 보다 공적인 태도를 취하는 것이 좋습니다. 본인의 동의 없이 경계를 넘어오면 "No"라고 말할 수도 있어야 합니다.

## 두 번째, 관계를 맺고 함께 대응하라

빌런은 잠재적 피해자를 찾아내면, 집요하게 약점을 잡아내고 극대화하여 평판을 악화시킵니다. 예를 들어, 상대 실수를 한번 확인하고 나서, 마치 그러한 실수를 늘 반복하는 것처럼 이야기하고 다니거나, 선한 의도로 도움을 주더라도 "얼마나 오지랖을 부리던지…."와 같이 악의적인 행동으로 만들어버리는 것이죠. 이때, 혼자가 아닌 여러 사람과 함께해야 합니다. 게다가 빌런은 끊임없이 주변 사람들에게 동의를 구하며, 스스로가 옳다는 것을 증명하는데요. 흔들리지 않기 위해선, 신뢰할 수 있는 사람들과 관계를 만들어야 합니다. 부정적인 정서로 빠져들기보다는 '객관적인 정보'를 차근차근 모으는 것이 중요합니다. **휘둘리지 않고, 객관적으로 바라볼 수 있는 것**만으로도 절망감이나 무력감을 줄일 수 있기 때문입니다.

단, 여러 사람들이 모여서 누군가를 빌런이라고 쉽게 낙인찍는 것은 조심해야 합니다. 최대한 객관적인 자료를 모으고, 판단하지 않으려는 관점을 유지하는 것이 중요합니다. 자칫하면 빌런과 싸우는 과정에서 나 자신이 또 다른 빌런이 될 수도 있기 때문이죠. 섣부르게 대응하기보다는 나 자신과 동료들을 심리적으로 지키는 것이 먼저입니다. 그렇게 점차 통제권을 늘리고, 작은 게임에서 이길 수 있는 방법들을 찾아보기 바랍니다. 빌런의 모략이나 횡포에 동조하지 않는 사람이 많아지는 것만으로도, 빌런은 타격을 받기 마련입니다.

## 세 번째, 조직과 함께 대응하라

여러 사람들의 힘을 모았다면, 빌런에 대한 조직적 대응이 필요합니다. 책 『또라이 제로 법칙』에서 언급된 연구에 따르면, 괴롭힘을 당한 사람의 25%뿐만 아니라, 그러한 상황을 지켜본 사람의 20%가 직장을 그만두었다고 합니다. 빌런은 단순히 직접적 피해자뿐만 아니라, 직장 내 모든 사람들을 다치게 합니다. 그래서 바람직한 조직문화를 만들기 위해선 이러한 빌런들을 잘 발견하고, 적절하게 영향력을 제한시킬 필요가 있습니다. 팀워크를 추구하는 다수의 리더가 활약하는 조직에서 빌런은 잠시 숨을 고르게 됩니다. 더불어 동료 리뷰와 같은 상호 피드백이 활발하고, 서로를 건강하게 견제하는 조직에서는 더욱 그렇습니다. 피드백 기회가 주어졌을 때, 다수의 구성원이 빌런에 대해서 솔직하게 커뮤니케이션하고 조직에서도 그에 상응하는 조치가 이뤄진다면, 영향력을 최소화할 수 있게 되는 것이죠.

다만, 여러분이 경험할 수 있는 가장 어려운 상황은 직속 상사 혹은 CEO가 빌런인 경우일 텐데요. 그때는 물론 쉽지 않겠지만 조금 관점을 바꿔서 '내가 얼마나 더 성장하려고 이런 기회를 얻었을까?'라고 생각해보기 바랍니다. 마블 시네마틱 유니버스의 〈어벤져스〉 빌런인 타노스가 그러하듯, 모든 성공하는 이야기의 공통점은 '강력하고 매력적인 빌런'이 있다는 것인데요. 여러분이 빌런에 맞서서 대응하는 모든 노력과 경험들은 이후의 커리어에 큰 도움이 될 것이라 확신합니다. 실력은 고민의 깊이에서 나오고, 빌런은 심대한 고민을 만들어내는 원천이기에, 이왕 마주했다면 위기를 기회로 만들어보는 것을 권합니다. **영웅은 위기 속**

나의 첫 커리어 브랜딩

에서 출현하는 법입니다.


## 마지막, 마이크로 매니저 대처 방법

피그말리온 효과pygmalion effect는 긍정적인 기대와 칭찬을 듣게 되면, 이전보다 더 나은 성과를 만들어 낸다는 이론입니다. 칭찬은 고래도 춤추게 한다는 말처럼 "할 수 있다. 기대하고 있다."라는 리더의 인정을 통해 평범한 직원도 이전보다 더 나은 성과를 내는 유능한 직원이 될 수 있다는 것입니다. 반대로 필패 신드롬 set-up to fail syndrome이 있죠. 프랑스 인시아드INSEAD 경영대학원의 장 프랑수아 만조니와 장 루이 바르수 교수에 따르면 아무리 유능한 팀원이라도 리더가 무능하다고 생각하는 순간, 이전보다 업무 역량이 낮아져 결국은 무능해진다는 의미입니다.

신입사원이 필패 신드롬을 알아야 하는 이유가 있습니다. 여러분들이 직장 생활을 하면서 자주 접하게 되는 나쁜 리더십 중 하나는 '마이크로 매니저'입니다. 디테일한 과업 지시와 자신의 방법대로만 일을 하라고 이야기하는 리더이죠. 그런 리더들이 빠지는 부정적 영향이 바로 필패 신드롬이기에 마이크로 매니징을 받는 신입사원들이 어떻게 대처하면 좋을지에 대해 학습하기 위함입니다. 먼저 리더의 필패 신드롬은 어떤 과정을 거치게 될까요?

1) 팀원을 무능하다고 생각한다.
2) 팀원에게 마이크로 매니징을 하기 시작한다. (업무 간섭)
3) 팀원의 업무에 대한 동기와 의욕이 낮아진다. (태도가 느슨해진다)
4) 팀원의 퍼포먼스가 떨어진다.
5) 리더가 자신의 평가(무능하다)를 신뢰한다.
6) 마이크로 매니징이 반복된다.

일반적인 변화이지만 우리가 자주 접하는 상황이기도 합니다. 그럼 리더의 의도는 무엇이었을까요? 또 필패 신드롬을 이겨내는 방법은 무엇이 있을까요? 물론 리더가 팀원이 성장할 수 있을 거라 신뢰하는 것이 가장 중요합니다. 그런데 리더가 팀원이 그 과업을 할 수 있다고 믿는 마음과 업무 간섭을 줄이는 것에 대한 부분은 팀원이 관여할 수 없는 영역입니다. 1) 2) 5) 6)에 해당하는 행동은 모두 리더가 결정할 수 있는 부분입니다. 그런데 마이크로 매니징을 받고 있는 팀원인 내가 관여할 수 있는 부분도 두 가지가 있습니다. 바로 그것은 업무에 대한 동기와 의욕, 퍼포먼스죠. 이 두 가지에 동의한다면 마이크로 매니징을 벗어나기 위한 도전을 한번 경험해 보았으면 좋겠습니다.

첫 번째, 가장 중요한 것은 '스스로를 신뢰하는 것'입니다. 6단계 중 3)을 이겨내는 것이죠. 리더가 나에게 마이크로 매니징을 하더라도 내가 일하는 태도, 일에 대한 열정을 그대로 유지하는 것입니다. 그 과정의 반복을 통해 4) 내 퍼포먼스가 조금이라도 성장하게 된다면 리더가 보지 못했던 관점을 리더에게 보여줄 수 있게 되겠죠.

두 번째, 나의 변화를 리더에게 어필하는 것입니다. 즉, 마이크로 매니징을 받기 전의 나와 마이크로 매니징을 받으면서 내가 알게 된 일하는 방식, 지식과 경험들을 통해서 어떤 성장이 있었는지를 알려주는 것이죠. 이것은 바로 1)에 해당하는 리더가 팀원을 무능하다고 판단한 부분이 이제는 채워졌다는 것을 증명하는 것입니다. "팀장님, 이번에 ○○○에 대해서 제가 잘 몰랐던 부분을 구체적으로 알려주셔서 감사합니다. 이제 알려주신 방법들이 익숙해 지니 원하는 결과가 잘 나오는 것 같습니다. 비슷한 과업을 하게 될 때 팀장님이 알려주는 ○○○ 방법으로 계속하면 더 좋을 것 같습니다."라고 말이죠.

신입사원이기에 경험도 없고, 일에 대한 지식과 스킬도 부족해서 초반에는 마이크로 매니징을 받으며 일할 수도 있습니다. 신입사원의 리더는 그것을 당연하게 여길 수도 있거든요. 이때 중요한 것은 리더의 마이크로 매니징을 뛰어넘는 것입니다. 시키는 것만 하지 말고, 그 이상의 태도와 결과를 보여주는 것만이 마이크로 매니징을 뛰어넘는 가장 좋은 방법이라는 말이죠.

그 외에도 정말 많은 이야기들을 할 수 있을 겁니다. 하지만 지금 관점에서 우리가 보는 것은 바로 '모든 문제는 리더에게 있나?'라는 오해입니다. 우리가 몰랐던 팀원이라는 반대 관점에서 필패 신드롬을 해결해 볼 수도 있거든요. 물론, 이렇게 했는데도 리더의 관점이 변하지 않는다면 저는 여러분이 더 잘할 수 있는 환경을 찾아 이동하는 노력을 하라고 말할 겁니다. 여러분의 성장과 성과가 객관적으로 인정받을 수 있도록 말이죠.

4장

# 커리어 개발을 위한, '성장' 로드맵

# 1

## 시간을 압축해서
## 성장하는 방법

### 압축 성장을 원하는 사람들에게

시간을 압축해서 성장할 수 있는 방법은 아마 세상의 모든 사람들이 궁금해할 거라 생각합니다. 좋은 대학에 들어가거나 전문가로 성장하기 위해서일 수도 있고, CEO가 되고자 할 수도 있고요. 어쩌면 당장 조금 더 나은 사람이 되고 싶기 때문일 수도 있기에 '성장' 그중에서도 시간을 단축하는 '압축 성장'을 원하는 사람들은 많습니다.

제가(백종화) 전 직장에서 가장 오래 했던 직무가 하나 있습니다. 그것은 HRD입니다. 기간으로 치면 8년 가까이 했습니다. 그 과업은 정말 독특하게도 극과 극으로 나뉘었고요. 3년이라는 시간을 신입 입문 과정과 경력 입문 과정 팀장으로 일했습니다. 전자는 처음 회사를 경험하는 신입사원들을 3개월 동안 교육과 훈련을 통해 회사의 가치관을 가진 비즈니스인으로 양성하는 것이었고, 후자는 임원을 포함한 모든 관리직 경력 입사자들이 4주간 회사의 가치관을 이해하고 그 가치관을 행동으로 나타내도록 토론하고, 현장의 이슈를 드러내고, 습관화하는 거였습니다. 가장 오래 했던 과업은 인사위원회에서 진행했던 '경영자와 경영자 후보 교육'입니다. 특히, 경영자 후보 교육은 사장단 혹은 임원 후보인 대리~차장들 중에서 정말 잠재력이 높은 인원들을 찾아 2~3년 동안 양성하면서 향후 그룹의 경영자로 성장할 수 있도록 돕는 것이었습니다.

혹시 특이한 것을 찾아내셨나요? 바로 기업 구성원 중 가장 극단의 구성, 첫 직급인 신입사원과 마지막 직급인 경영자 및 임원 교육을 진행했었던 경험을 모두 가지고 있는 것입니다. 그중 경영자 후보 교육에 대해 말해보고자 합니다. 분기에 1번 집합교육으로 진행하며 가장 중요하다고 생각하는 경영 콘셉트 1개를 3박 4일 동안 다양한 방법으로 학습하도록 합니다. 이 과정을 통해 기대했던 것은 3가지였습니다.

1) 경영자로서 꼭 알아야 하는 경영 콘셉트를 바르게 이해하고, 현업에 적용할 수 있도록 돕는다.
2) 경영자로서 다양한 관점을 이해할 수 있도록 다양한 법인, 국가(중국과 한국 직원 대상)의 핵심 인재들을 모아 서로 배우고, 경쟁하게 하면서 동기부여 한다.
3) 사장, 경영자가 될 수 있는 잠재력을 실제 검증한다.

이 3가지의 기대는 단 하나의 목표를 위해서였습니다. 짧은 시간 안에 경영자 후보들이 경영자로 압축 성장하도록 하는 연역적 목표였죠. 2013년부터 기획해서 2014년 처음으로 시도했던 이 과정은 이미 젊은 세대로 인재 개편을 해야 한다는 그룹의 인재 양성 전략에 의해 시작되었습니다. 현실적으로 고객은 계속 젊어지고 있는데, 기업 경영진들은 나이 들면서 시장과 고객의 변화에 맞추지 못하고 있었거든요. 그래서 3년 동안 경영자 후보군들을 10년 후 사장이 될 수 있도록 양성해야 한다는 목표가 생기게 되었습니다. 아직도 기억나는 것은 30번 이상의 컨설팅과 보고를 통해 정말 많은 공부를 했었다는 것입니다. 당시 저는 학습을 통한 압축 성장에 가장 좋은 방법 하나를 찾아낼 수 있었는데 그것을 소개하고자 합니다.

3박 4일 동안 경영자 후보자들은 정말 많은 학습과 토론을 하게 됩니다. 사전 학습을 통해 현장의 문제를 가져와서 발표하며 토론합니다. 매일 그룹의 최고 경영자들이 돌아가며 같은 주제에 대해 본인들의 스토리텔링을 해주고, 경영자 후보군들과 서로 주고받는 Q&A를 통해 그들의 지식과 경험 수준을 올려줍니다. 경영자 외에도 그룹의 해당 분야 핵심 인재들이 자신들의 경험을 공유하고 토론도 하고 과제도 부여해 주죠. 또한 회사 소유의 빌라를 빌려서 그곳에서 합숙을 하도록 했습니다. 저녁 시간을 함께하면서 서로 더 친해질 수 있었죠. 그런데 저녁 시간, 아니 새벽까지 그들은 서로의 경험과 고민을 나누며 토론과 학습을 했습니다. 관리하는 사람이 없어도 주도적으로 말이죠.

학습의 마지막 날이 되면 반복되는 하나의 시간이 다가옵니다. 가장 중요한 포인트는 바로 여기에 있습니다. 그룹의 최고경영자 앞에서 발표를 하는 시간입니다. 이때 그룹 최고경영자 외에도 각 법인의 사장단, 그룹의 CSO, CHO도 배석을 합니다. 발표 후에는 최고경영자나 사장단의 질문도 이어지고 때로는 그 자리에서 의사결정이 이루어지기도 합니다. 경영자 후보들을 통해서 3년 동안 매 분기 교육마다 반복되는 마지막 발표 시간의 압박에 대해 많은 이야기를 들었습니다. "토 나올 것 같다."는 이야기도 들었고요. 그런데 그만큼 집중할 수 있고, 준비과정을 통해 성장

나의 첫 커리어 브랜딩

한다는 것을 스스로도 느낀다는 말에 계속할 수밖에 없었습니다. 아직도 잘한 기획이라고 생각합니다. 학습과 성장은 누구에게나 동등한 조건이라고 생각합니다. 시간과 노력에 비례하는 거죠. 그렇지만 압축해서 성장할 수도 있다고 생각합니다. 방법은 다음과 같습니다.

1) 정말 뛰어난 사람들과 함께 학습을 하고,
2) 서로의 고민과 주제를 끊임없이 토론해 이유와 대안을 찾아가고,
3) 문제와 대안, 실행 피드백을 주기적으로 공유하고 다른 사람들의 피드백을 받으며 학습하고 성장하는 것입니다.

여러분은 어떤 꿈을 가지고 있나요? 어떤 꿈을 가지고 지금 기업에 취직했나요? 월급을 받고, 그 월급으로 취미 생활을 하기 위해서인가요? 아니면 나만의 꿈과 비전을 이루기 위한 첫 번째 과정으로 취직했나요? 만약 여러분이 큰 꿈이 있고 다른 사람과는 다른 성장의 비전을 품고 있다면 이런 시간을 보내보면 어떨까요? 출근 시간이 되어서 출근하고, 퇴근 시간에 퇴근하는 삶 말고, 매월 말에 한 달 동안 내가 잘한 것과 실패했다고 생각하는 것을 동료들과 공유하며 서로의 의견을 듣고 보완하기도 하고, 한 달에 1~2번씩 모여 책을 읽고 토론하고, 서로의 지식과 경험을

공유하며 모르는 것은 서로 알려주는 커뮤니티에 참여하는 것 말이죠. 이런 시간이 반복된다면 어느 순간 내가 성장해 있다는 것을 깨닫게 될 것입니다.

## 직장인에게 성장이란?

직장인에게 성장이란 어떤 의미를 담고 있을까요? 성장이란 '더 좋아지는 것, 더 커지는 것, 너 넓어지는 것, 더 많아지는 것'이라는 생각들을 많이 합니다. 그런데 이 관점에서 생각해 보면 한 가지가 빠지게 되는데 그게 무엇인지 떠오르는 단어가 있으신가요? 정답은 없겠지만, 제가 생각하는 정답은 '더 깊어지는 것'입니다. 일반적으로 직장인들의 성장이라고 하면 어떤 상황이 떠오르나요?

1) 직급이 오른다.
2) 직책이 오른다.

두 상황의 특징은 무엇일까요? 첫 번째는 급여가 오른다는 것이고, 두 번째는 영향력이 넓어진다는 것입니다. 여기에서 영향력은 외부적인 관점이라고 보면 됩니다. 직급과 직책이 올라가면서 동료, 외부 업체 등에 영향력이 커진다는 의미이죠. 마지막 세 번째는 연봉이 올라간다는 것입니다.

이 세 가지의 특징은 '눈에 보이는 ○○○이 변화하는 수직적인 의미'를 담고 있습니다. 계단을 오르듯이 한 칸 한 칸 더 위로 직급, 직책, 급여, 영향력 그리고 연봉이 올라가게 됩니다. 그런데 우리가 많이 놓치고 있는 부분이 있습니다. 그건 바로 '수평적인 성장'에 대한 이해입니다. 위에서 언급한 더 깊어진다는 의미 말이죠. 제가 언급하는 성장이 바로 수평적인 성장, 즉 더 깊어지는 부분입니다. 이번에 동료들에게 피드백 받은 내용 중에 "교육이 아닌 학습을 콘셉트로 잡고 교육 문화를 설계해 주셔서 감사하다."는 피드백이 있었습니다. 교육은 회사 중심, 리더 중심으로 직원들을 수동적으로 성장하도록 하는 방법입니다. 강의실에 앉아 교육을 듣게 하거나, 사수나 멘토가 알려주는 내용들을 선택 없이 듣거나, 온라인 강의를 의무적으로 들어야 하는 거죠. 나의 상황이나 지식 수준과는 상관없이요.

그런데 제가 원하는 성장 시스템은 바로 '학습'입니다. 학습은 스스로 배우려는 의지가 있는 사람이 성장을 위해 배우는 주도적인 방법이죠. 수평적인 성장은 학습과 연관되어 있습니다. '더 깊어진다는 수평적 성장'은 두 가지 의미를 담고 있습니다.

첫 번째 의미는 지식과 스킬, 그리고 경험의 성장입니다.

> 1) 내가 기존에 하지 못했던 또는 잘하지 못했던 일을 할 수 있게 되었다.
> 2) 내가 사용할 수 있는 tool이 더욱 많아졌거나, 능숙하게 사용할 수 있게 되었다.
> 3) 나의 skill이 더욱 강력하게 되었다.
> 4) 내가 경험해 보지 못했던 큰 프로젝트나 경력을 쌓을 수 있었다.
> 5) 내가 몰랐던 경영에 대한 best practice와 worst practice를 알게 되었다.

이 5가지 외에도 많이 있겠지만, 5가지 중 하나라도 성장할 수 있다면 어떤 현상이 발생할까요? 바로 '자신감'이 올라가게 됩니다. 같은 일을 하더라도 '될까?'라고 의심하며 일을 할 때와 '이건 돼!'라고 자신 있게 수행할 때의 차이는 아마 경험해 본 분들만 알 수 있을 것 같습니다. 그리고 두 번째 의미가 가장 중요한데요. 그것은 더 큰 성과로 연결된다는 것입니다. 우리가 흔히 아는 강점을 통해서 성과를 낸다는 의미가 여기에 담겨 있습니다. 물론 아주 약한 약점을 성장시킨다고 해서 강점이 될 수 있는 것은 아니지만, 위의 5가지 영역이 나의 강점과 연결되어 있다면 그로 인한 성과 크기는 어마어마합니다.

　여러분은 자신을 더욱 단단하고 강력하게 해주는 수평적인 성장에 더 초점을 맞춰야 합니다. 수평적인 성장은 눈에 보이지 않기 때문에 리더와 매니저, 팀원과 구성원도 놓치기 쉬운 부분입니다. 또 단시간에 배움과 성장이 크게 올라가는 것이 아니기 때문에 시간과 노력, 자본을 투자하지 않을 수도 있습니다. 이런 수평적인 성장은 '리더와 매니저의 끊임없는 관심과 관찰, 그리고 대화와 피드백을 통해서만 가능'합니다. 그 사람의 현재 역량을 모르고 있는데, 성장을 도와줄 수는 없겠죠? 지금 나와 함께하고 있는 리더에게 팀원인 나를 알리는 시간을 가져 보면 어떨까요? 리더가 나에 대해서 아는 만큼 업무를 할 수 있는 기회가 나에게 맞춰집니다. 나에 대해 모르면 당연히 리더 중심으로 과업이 진행되는 것이고요. 아래 질문을 통해 리더가 나에 대해 얼마나 알고 있는지를 한번 기록해 보세요.

### 나의 과거와 현재를 알고 있나요?

① 내가 가진 지식과 경험을 구체적으로 알고 있나요?

② 나의 지식과 경험 중 구체적으로 진행했던 과업, 프로젝트에 대해 알고 있나요?

③ 나의 성향, 성격, 선호에 대해서 알고 있나요?

④ 업무와 관련된 나의 강점과 약점에 대해서 알고 있나요?

⑤ 내가 가지고 있는 skill, 사용할 수 있는 tool, 자격을 알고 있나요?

### 나의 과업과 미래 목표에 대해 알고 있나요?

① 내가 하고 있는 과업의 목표와 그것을 달성하기 위한 skill, 역량, tool, 지식과 경험 등의 구체적인 방법을 알고 있나요?

② 나의 비전과 소명에 대해 알고 있나요?

③ 나의 5년, 10년 Career Development Process를 설정해 놓았나요?

중요한 것은 내가 나에 대해 이야기를 하지 않았는데, 리더가 나에 대해 알 수는 없다는 것입니다. 가끔 직원들 중에 "개인적인 것은 물어보지 말아주세요."라고 말하며 업무 이외에 소통을 원천 차단하는 경우가 있습니다. 하지만 주말에 뭘 했는지, 결혼은 언제 할 건지에 대한 관심이 아닌, 업무와 관련된 개인의 이야기는 리더가 알고 있어야 합니다. 그래야 내가 과업을 수행할 때 나에게 맞출 수 있기 때문이죠.

## 성장하지 못하는 사람의 유형

### 1) 남 탓만 하는 사람 (외부 통제)

저와 코칭을 할 때 가장 많이 이야기를 나누는 사람의 유형입니다. 저 또한 이런 유형의 사람들에게 어떻게 해야 하는지 답을 찾지 못한 유형이기도 하고요. 세상에 문제가 없는 사람은 없습니다. 부족한 점, 개선할 점이 없는 사람도 없고요. 단지, 그 문제와 개선점을 어떻게 받아들이는가의 차이가 있을 뿐입니다. 남 탓하는 사람들은 모든 문제를 밖에서만 찾습니다. 동료 평계를 대고, 회사의 지원이 부족하다고 하고, 리더가 왜 자신에게 기회를 주지 않는지 불평합니다. 그리고 더 큰 문제는 그 이야기를 뒤에서 한다는 거죠.

그 이유는 자신의 편을 만들기 위해서입니다. 자신이 성과를 내지 못했고, 회사나 리더 그리고 현재 함께하고 있는 동료들이 자신을 어떻게 평가하는지 알기에 그 사실을 잘 모르는 사람들을 찾아가 뒷말을 하기 시작하는 거죠. 리더들에게는 참 어려운 문제입니다. 남 탓하는 사람들은 대부분 능력이 뛰어나거든요. '그 능력을 잘만 쓴다면 조직에 정말 큰 도움이 될 텐데, 내가 그를 정말 잘 활용하지 못하는 걸까?'라고 자책하기도 하고요.

결론을 말하자면, 외부 통제인 사람들이 있는 조직은 시간이 흐르면 흐를수록 개인주의와 이기주의가 판을 치는 조직이 됩니다. 팀워크를 중시하는 구성원들은 어느 순간 외부 통제인 사람들의 뒤처리를 하는 사람들로 전락하게 되고, 그들로 인한 피로를 표현하기 시작합니다. 아무리 뛰어난 역량을 갖추고 있다 하더라도 조직에 웃음을 사라지게 하고, 구성원들의 동기부여를 빼앗아 가는 사람들을 조직에 계속 두어야 할까요?

### 2) 배우지 않는 사람 (막힌 사람)

우선은 배움에 대한 정의를 해야 할 것 같습니다. 제가 이야기하는 배움은 책을 통한 배움이 아닙니다. 자신의 부족한 점을 찾는 행동을 하는 것이고, 자신보다 잘하는 사람을 찾아가서 그들의 방법을 배우는 것입니다. 제가 본 배움을 멈춘 사람들은 다양한 유형이 있었습니다. 자신만의 생각 속에 갇혀서 혼자서만 고민하는 사람, 자신감이 넘쳐서 배움을 등지는 사람, 바쁘다는 핑계로 배움에 시간을 투자하지 않는 사람, 배움이 아닌 노는 일에 시간을 사용하는 사람 등 이유가 무엇이든, 결론은 동일합니다. 더 이상의 성장이 없다는 거죠. 조직은 계속해서 성장하고 변화합니다. 주변 사람들도 계속해서 조직의 변화에 따라 성장하려고 노력하고요. 그런데 배움을 멈춘 사람은 정지되어 있습니다. 생각의 크기가 더 이상 자라지 않고, 일하는 방식 또한 변화하지 않습니다. 그렇게 과거에 뛰어났던 사람들이, 성장이 멈추면서 이제는 뒤처지는 사람이 됩니다. 문제는 스스로 자신의 뒤처짐을 인지하거나 인정하지 못한다는 것이죠. 과거 자신의 모습에 사로잡혀 있고, 주변에 성장한 사람들 또한 과거의 기준으로만 판단합니다.

### 3) 함께하지 않는 사람 (외톨이)

이 세상에 혼자서 모든 일을 다 하는 사람은 없습니다. 어떤 일이라도 다른 사람들과 연결되어 있죠. 그런데 유독 혼자서 외톨이처럼 일하는 사람들이 있습니다. 타고난 기질일 수도 있지만, 조직 관점에서 이야기해 보겠습니다. 혼자서 일하는 사람들은 그게 편하다고 이야기합니다. 몰입하는 본인만의 방식이고, 그렇게 일을 해야 성과가 난다고 하죠. 맞는 이야기입니다. 하지만 반대로 생각해 보세요. 함께 대화하고 소통하면서 몰입하고 성과를 내는 사람들에게는 함께하지 않고 혼자서만 일하는 사람들은 동기를 떨어뜨리는 사람으로 보입니다. 항상 함께하라는 의미는 아니지만, 서로 조금씩 배려하는 모습을 갖추면 좋겠다는 의미이죠.

세 가지 유형의 공통적인 특징을 혹시 아셨나요? 두 가지로 이야기할 수 있습니다. 하나는 과거가 아닌 미래를 바라보며 준비해야 한다는 것이고, 다른 하나는 내가 아닌 타인 중심적 사고를 해야 한다는 것입니다. 나를 한번 돌아봐야 합니다. 지금 이런 사람들과 함께 같은 조직에서 일하고 있는 것은 아닌지, 내가 조직에서 이런 사람으로 일하고 있는 것은 아닌지에 대해서 말이죠. 학교 시험에서 A를 받는 방법은 혼자서 열심히 공부해도 가능했습니다. 시험은 혼자서 보니까요. 하지만 직장에서 A를 받는 방법은 혼자서 할 수 없습니다. 옆에 있는 선후배, 리더와 함께해야 하거든요.

## 완벽주의자의 함정

저는 조직에서 뛰어난 성과를 내는 유능한 인재들을 자주 보곤 합니다. 어떤 문제든 척척 원인도 찾고, 대안도 해결하죠. 그런데 가끔 그런 인재들 중에 완벽주의자가 있습니다. 완벽주의자의 특징은 성과를 만들어내는 사람들이라는 거죠. 치밀하게 계획하고 실행하는 사람들이기도 합니다. 그런데 약점이 하나 있습니다. 자신이 모르는 것, 실수와 실패, 개선해야 하는 것들을 인정하지 않는 경우가 있다는 것입니다. 이미 유능한 인재들이기 때문에 이런 완벽주의자의 함정이 초기에는 잘 드러나지 않습니다. 대신 성장하고, 직책이나 직급이 올라가면서 자신이 감당하지 못하는 규모나 난이도의 문제나 직책을 맡게 될 때 드러나죠.

나의 첫 커리어 브랜딩

그런데 요즘은 초기에 그런 행동이 보이기도 합니다. 더 솔직하고 직접적으로 표현하는 시대니까요. 이런 현상이 더 좋죠. 리더가 되기 전에 검증을 할 수 있으니까요. 완벽주의자가 될 때 심각한 문제가 발생합니다. 모든 정보를 내가 알아야 하고, 내가 모르는 것은 실행으로 옮기지도 못하거든요. 자신의 방법, 자신이 알고 있는 것, 자신이 이해한 것만 인정하려고 하기 때문이죠.

완벽주의, 이 단어는 참 좋아 보입니다. 하지만 세상에 완벽은 없습니다. 모든 것을 아는 사람은 없고, 우리는 부족하기 때문에 매일 배우고 성장하려고 노력하는 것이니까요. '내가 다 알아야 해.', '내가 다 해야 해.', '내가 아는 것만 인정해.' 만약 이런 생각을 하고 있다면 내 행동이 우리 조직에 끼치고 있는 긍정적 영향(성과)과 함께 부정적 영향도 생각해 보면 좋겠습니다.

신입사원은 조직에서 가장 아는 것도 적고, 경험도 적은 구성원입니다. 그 말은 가장 완벽하지 않아도 되고, 가장 많은 실수를 해도 된다는 것이죠. 여러분이 실수한다고 해서 뭐라 하는 선배들은 많이 없을 겁니다. 하지만 여러분이 완벽하게 하려고 실행을 늦추거나 모르는 것을 물어보지 않고 혼자서 끙끙대는 모습을 보면 선배들은 단호하게 뭐라고 하겠죠. 문제를 해결하는 사람은 완벽한 사람이 아니라 실행하는 사람이기 때문입니다. 완벽하려하지 말고, 묻고 실행하려고 해 보세요. 지금이 여러분의 비즈니스 인생 중에서 가장 실수하고 실패해도 되는 시기라는 것만 기억하면 됩니다.

# 2

## 주니어가 성장하는
## 12가지 방법

주니어가 직장에서 성장하는 방법을 나열해 보면 대표적으로 3개의 카테고리에 12가지 작은 방법들을 찾을 수 있습니다.

| 교육을 통한 학습 | 멘토링 / 코칭 | 일을 통한 학습 |
| --- | --- | --- |
| • 사내 교육 훈련 (집합교육, 이러닝) | • 직장 내 좋은 멘토 (강점과 약점에 대한 조언) | • 새로운 업무로 직무이동 및 적응을 위한 OJT |
| • 사내/외 학습 포럼 참석 (세미나, 포럼, 웨비나 등) | • 리더의 코칭과 피드백 | • 도전적인 목표 부여, 과제 수행 |
| • 개인의 자기계발 (직무 관련 서적/ 자료 학습, 대학원 등) | • 주요 의사결정 회의 및 미팅 참석/배석 | • 일을 주도적으로 수행하는 의사결정 권한과 책임 (리더 업무 대행 포함) |
| | • 롤 모델의 업무 벤치마킹 | • 주요 프로젝트 기회 (TFT, PM) |
| | • 성장을 위한 다면 평가 피드백 (stop, start, continue) | |

첫째, 교육을 통한 학습

둘째, 멘토링과 코칭을 통한 학습

셋째, 일을 통한 학습


재미있는 것은 주니어들에게 어떤 방식으로 학습하고 있냐고 물어보면 7:2:1의 순으로 설문에 답해 줍니다. 그런데 이미 성공과 성장을 경험한 리더(팀장~CEO)들에게 어떤 방식으로 주니어 때 성장했는지 물어보면 1:2:7의 순으로 응답을 해주죠. 이유는 간단합니다. 교육과 멘토링 및 코칭을 통한 학습은 그리 어렵지 않은 학습 방법입니다. 내 시간과 에너지만 투자하면 되거든요. 하지만 일을 통한 학습은 '내 지식과 경험 수준보다 더 높은 목표와 어려운 일에 도전'하는 방식입니다. 꽤 어렵고 힘들죠. 스트레스도 받지만, 일을 하면서 모르는 것이 너무 많기 때문에 일과 학습을 병행할 수밖에 없는 구조가 됩니다. 이 과정에서 지치기도 하지만 많은 성공을 한 리더들은 어렵고 힘든 목표에 도전하는 것이 가장 빠르게 성장하는 방법이라고 말합니다. 그리고 이런 경험들이 3년, 5년, 10년 쌓였을 때 탁월한 비즈니스인이 되는 것이죠.


저 또한 비슷한 경험을 했었습니다. 입사 4년 차에 그룹의 인재개발 팀장이라는 직책을 맡게 되었는데, 세 명의 팀장 중 저만

나의 첫 커리어 브랜딩

4년 차였고 다른 두 명의 팀장 선배님들은 저보다 10년 이상 차이가 나는 고참들이었죠. 7년 차에는 영업부서장, 9년 차에는 그룹 부회장의 비서실장을 5년 동안 경험했고, 14년 차에는 법인 5개를 총괄하는 인사 실장이라는 직책을 수행하게 되었습니다. 일단 제가 가진 지식, 경험과는 현격하게 차이 나는 어려운 직책을 맡게 되었던 것이고 그렇게 시간이 흘러 지금의 모습으로 성장하게 되었습니다.

제가 보아온 탁월한 인재들은 비슷했습니다. 채용 과정에서부터 탁월한 재능을 가진 인재들을 뽑아 동일하게 양성한 적이 있었는데, 2~3년 차에 진행된 그들의 선택이 다른 결과를 만들어 내더라고요. 그 선택은 2~3년의 온보딩 후 부서를 선택할 수 있는 기회를 준 것입니다. A그룹의 직원들은 이미 유명한 부서, 이미 성과를 내고 있는 부서로 이동하는 것을 선택했고, B그룹은 적자 사업부, M&A 사업부 등으로 이동하는 선택을 했습니다. 그리고 마지막 C그룹은 회사의 주요 직무를 수행하는 부서를 선택했죠. 이 중에서 탁월한 리더가 많이 배출된 그룹은 어디일까요?

C-B-A 순이었습니다. C그룹은 그룹의 큰 그림을 볼 수 있는 조직에서 자신의 레벨로는 경험할 수 없는 비즈니스를 경험하게 되었고, B그룹은 해결하기 어려운 문제들이 산적해 악전고투할

수밖에는 없는 척박한 환경에서 성장했습니다. 하지만 A그룹은 자신들이 노력하지 않아도 저절로 성과가 나는 조직에서 안전하게 일하게 되었죠. 모든 조직에서 리더들이 배출되었지만, 더 탁월한 사람들은 C와 B에서 많이 찾을 수 있었습니다. 그리고 A그룹에서는 '자신이 정답인 줄 알고 말로만 모든 것을 하려는, 헤어지고 싶은 인재'들이 많이 배출되기 시작했고요. 자, 여러분은 어떤 선택을 하고 싶은가요? 내 선택이 나에게 어떤 지식과 경험을 얻게 해줄 것인가를 고민하며 선택해보길 바랍니다.

# 3

## 도대체 언제 퇴사하고 이직해야 하는 걸까?

### 커리어 관리, 자신과 환경에 대한 끊임없는 탐색

코로나19의 영향으로, 커리어에 대한 고민을 하는 분들이 많아졌습니다. 희망하던 직업이 한순간에 불투명해지기도 하고, 특정 직군의 일자리는 거의 사라졌습니다. 이럴 때일수록 커리어란 무엇인지, 어떻게 관리해야 하는지 정리해보는 것은 필요합니다. 과거에는 좋은 대학을 나와서 안정적인 회사를 가는 것이 유일한 전략처럼 보였다면, 지금은 수많은 경력 경로(대기업, 스타트업, 프리랜서, 창업 등)가 존재하며 전략도 다양하기 때문입니다. 다윈의 말마따나, **살아남는 종은 가장 강하거나 영리한 종이 아니라, 변화에 가장 잘 적응하는 종입니다.** 커리어 전략도 마찬가지가 아닐까요?

경력이란 일생에 걸쳐 지속되는 개인의 일과 관련한 경험을 의미합니다. 평생직장의 시대에는 장기근속이 권장되었습니다. 이직이 잦은 사람은 사회성에 문제가 있는 것으로 여겨지기도 했죠. 커리어 성공 역시 '직장에서 얼마나 빠르게 승진했는지' 그리고 '얼마나 연봉이 높은지'로 평가받았습니다. 하지만 **지금의 세대는 객관적 성공보다 주관적 성공에의 관심이 더 커지고 있습니다.** 외부에서 인정받는 것보다 스스로 가치를 느끼고 싶어 하는 욕구가 더 강해진 것이죠.

무엇보다 자신과 환경에 대한 '탐색'이 필요하며, 특히 '스스로에 대한 솔직한 이해'가 중요합니다. 성향에 대한 탐색 기법은 아주 많습니다. 특히 최근 몇 년 동안 MBTI가 선풍적인 인기를 끌었고, 심리학에서 좀 더 신뢰받는 검사인 Big 5도 있습니다. 성격유형 검사는 스스로를 이해하는데 빠른 접근이 될 수 있지만 몇 가지 조심해야 합니다. 어느 시점, 어떤 상태에서 측정하느냐에 따라서 결과가 달라지는 경우도 많기 때문이죠. 한 가지 방법에 너무 확신하지 말고, 다양한 렌즈로 비춰보고 종합적으로 판단하는 것이 중요합니다.

'내가 좋아하는 사람들은 누구인지, 어떤 사람들과 함께 일하고 싶은지' 등 나를 둘러싼 관계망을 들여다보는 것도 추천합니다. 우리는 관계 속에서 자아 정체성을 발견하고 형성하는데요. 그런 관점에서 직장은 나를 알아가는 데 있어서 결정적인 정보를 제공합니다. **특히 팀장이나 동료들이 주는 연말 평가에서의 피드백은 아주 중요합니다.** 물론, 성과에 따라서 스트레스를 받는 시간이기도 하지만, 나의 발전을 회고해보고 다른 사람들의 관점을 볼 수 있는 좋은 기회이며, 이러한 피드백을 어떻게 활용하는지가 궁극적으로 그 사람의 성장을 좌우합니다.

## 커리어 관리에 대한 전략적 접근

커리어 성장에 있어서 결정적인 영향을 미치는 변수가 있습니다. 바로 삶의 경로Life Cycle입니다. 특히 결혼과 육아처럼 삶의 큰 변곡점은 경력에 있어서도 중요한 변수가 되죠. 아직은 먼 이야기처럼 느껴질 수 있지만, 육아를 경험하고 있는 선배들과 이야기해 본 적 있는 분들이라면 충분히 공감할 것입니다. 이런 결정적 시기에 더욱 중요해지는 것은 방향성을 결정하는 '가치관'입니다.

예를 들어, 자신이 무엇을 원하는지 모른다면, 아무리 훌륭한 성과를 낸다고 하더라도 반쪽짜리가 될 수밖에 없겠죠. 반대도 마찬가지입니다. 스스로 자족한다고 하더라도, 금전적으로 너무 어려운 상황이 되풀이된다면 그 또한 성공적이라고 보기는 어렵습니다. 결국 두 마리 토끼를 모두 잡아야 하는 상황에서, 균형을 놓치지 않으려면 본인이 중요하게 여기는 가치관이 분명해야 합니다.

가치관에 맞춰서 전략도 필요한데, 어렵게 생각할 것은 없습니다. 구글에서 경력을 쌓은 황성현 퀀텀 인사이트 대표는 새로운 회사에 입사할 때마다 **3년 뒤의 이력서**를 미리 작성해 보라고 권하는데요. "3년마다 회사를 옮기라는 뜻이 아니라, 3년 후 이력서를 미리 써보길 추천합니다. 3년으로 나눠서 지금의 모습과 차이를 살피고, 그 차이를 좁히면 됩니다."라고 사회 초년생들에게 강조합니다. 이력서의 빈칸을 하나씩 채워나가는 과정에서, 자연스럽게 주도적이 되는, 좋은 전략입니다.


## 퇴사 시점, 언제가 좋을까?

경력 관리에서 빼놓을 수 없는 것이 '이직'입니다. 한 회사에 오래 다니는 것이 좋을까요, 짧게 다니고 다양한 경험을 쌓는 것이 좋을까요? 정답은 없습니다. 개인마다, 처한 회사에 따라서, 직무 혹은 외부 환경에 따라서도 완전히 달라질 수 있기 때문이죠. 특히 IMF나 코로나 사태로 인한 대규모 실직은 의도와 상관없이 언제나 벌어질 수 있습니다. 최근에는 대퇴사의 시대라고 불릴 만큼 다양한 직종에서 수많은 이직이 일어나고 있죠. 이직을 돕는 채용 플랫폼이나 헤드헌터도 성황입니다.

알리사 녹스는 책 『쉽게 이직하지 마라Don't quit your day job』에서 **이직을 근력**이라 말합니다. 만약 직장을 떠나는 이유가 근원적인 변화를 위해서라면 회복 탄력성이란 근력을 형성할 수 있지만, 그저 더 편하게 일하기 위해서 탈출하는 거라면 근력은 수축되고, 어느 순간 회사에 의해서 먼저 퇴출될 수 있다는 것이죠. 더불어, 저는 극단을 피해야 한다고 생각합니다. 어떤 변화도 없이 한 직장에서 그저 머물러버리는 것도 문제지만 너무 잦은 이직으로 조직에 적응하지 못하는 것도 마찬가지입니다. 주니어 시절만 하더라도 성공적인 것처럼 보였던 이직이, 시니어가 되어선 발목을 잡을 수도 있습니다.

개인마다 가치와 상황은 다르지만, 만약 프로페셔널한 직장인이 목표라고 가정해 봅시다. 이를 위해 "적어도 한 회사에서 어느 정도의 재직 기간이 필요할까?"라고 질문한다면, 저는 스타트업이라면 최소 3년에서 5년 정도는 경험을 쌓는 것이 좋다고 답합니다. 물론, 무조건 오래 다니는 것을 권하지는 않으며, 늦어도 7년에서 10년 정도 경험을 쌓은 후에는 다른 조직을 경험하는 것도 추천합니다. 한 회사에서 다양한 직무로 확장하는 것도 충분히 좋습니다. 대기업에서는 직무 전환의 기회를 상대적으로 쉽게 가질 수 있죠. 물론 직무가 아닌 다른 조직문화를 경험하고 싶다면 이직이 필요할 수도 있고요.

## 완결적 경험을 위한 최소한의 시간

제가 최소 3~5년의 재직 기간을 말한 이유는 '완결적 경험과 배움'을 얻었으면 하는 바람 때문입니다. 버즈빌의 서주은 CTO는 **"개발자들에게 왜 장기근속이 필요한지?"**라는 질문에 이렇게 대답했습니다.

> "과거에 마이크로서비스를 지향하는 개발 구조를 전사적으로 도입하는 의사결정을 했는데, 4~5년이 지나면서 그로 인한 긍정적 영향을 넘어서 부정적인 영향까지 확인할 수 있었습니다. 물론, 당시에 내가 열심히 짠 코드들이 나중에 꽤나 욕을 먹는 것이 속상하지만, 그래서 더 성장할 수 있었던 것 같아요. 2~3년 만에 이직을 했다면 저는 여전히 구조 변경 시 고려해야

할 사항에 대해서 충분히 이해하지 못했을 겁니다. 오래 다녔기 때문에 더 완결적인 경험과 배움을 얻을 수 있었던 것 같아요."

저 역시 깊이 공감할 수 있었습니다. 노력해서 만든 성과가 장기적으로 어떤 영향을 미치는지 확인하기 위해선 시간이 필요합니다. 우리가 행하는 크고 작은 행위는 의도했던 효과뿐만 아니라 의도하지 않았던 효과Side Effect도 함께 가져오기 마련인데요. 만약 어느 프로젝트가 충분히 만족스러웠고, 얼마 지나지 않아 이직을 했다면 여러분은 그것을 성공으로 기억할 것입니다. 하지만 실은 해당 프로젝트의 부분만을 인식했을 수도 있습니다. 자신의 성과를 총체적으로 인식하고 완결적 경험을 얻기 위해선 절대적인 시간이 요구됩니다.

커리어가 쌓일수록 "얼마나 구체적이고 깊이 있게 상황을 파악하는가?' 그리고 '업무가 불러올 영향력을 어디까지 고려할 수 있는가?'라는 질문에 답할 수 있어야 하는데요. 그 기간은 사람마다 다릅니다. 남들보다 3~5배 더 열심히 일한 사람과 그렇지 않은 사람의 시간 밀도는 분명 다를 테니까요. 하지만 퇴사를 하기 전, 스스로에게 '나는 여기서 충분히 완결적 경험을 했는가?', '미련이 남아 있지 않을 만큼 배우고 성장했는가?', '나는 여기서 어떤 동료로 기억될 것인가?'라는 질문들을 던져보는 것은 중요합니다. 당장의 스트레스를 피해서 이직하지 말고, 도전적이고 새로운 스트레스를 만나기 위해서 이직하기 바랍니다. 도망친 곳에 낙원은 없으니까요.

# 4

## 연봉은 곧
## 실력을 의미할까?

### 이너게임, 일을 바라보는 관점 전환하기

여러분은 어떤 이유 때문에 일을 하나요? 월급 때문인가요? 즐거움인가요? 혹은 사명인가요? 일에 대한 관점은 성과를 넘어 삶에도 중요한 영향을 미칩니다. 책『이너게임』에서 티모시 골웨이는 스포츠 코치로서 궁금증이 생깁니다. "선수들이 최고의 능력을 펼칠 때, 그들은 어떤 생각을 할까?" 최상의 몰입 상태에서 그들의 내면이 궁금해진 것이죠. 이를 확인하기 위해 저자는 '패자가 아닌 승자가 탈락하는 토너먼트'로 게임의 룰을 바꿔버리게 됩니다. '시합은 곧 승패'라고 생각하는 선수들에게 이러한 변화는 혼란을 만들죠. 시합에서의 승리가 자신에게 좋은지 나쁜지 판단하기 어렵게 된 선수들은 망설임 끝에 어떤 선택을 했을까요? 자신들의 관심을 '승패'에서 '시합 그 자체'로 돌리게 됩니다. 놀랍게도 선수들은 최상의 경기력을 보여주었고요. **시합을 바라보는 관점이 바뀌자 행동과 결과가 모두 바뀌게 된 것이죠.**

이 실험은 과연 운동에서만 활용될 수 있을까요? 그렇지 않습니다. 티모시 골웨이는 AT&T의 전화 상담원들을 위한 교육을 만들고, 일을 바라보는 관점을 전환시키기 위해 질문을 던집니다. "여러분의 업무에서 가장 흥미로운 것은 무엇인가요?" 그때부터 상담원들은 하나의 게임으로 일을 바라보기 시작했습니다. 기존 상담원 스트레스의 대부분은 고객의 신경질적인 폭언이었는데, 다음의 훈련을 통해 스트레스를 상당히 낮출 수 있었다고 하죠. 놀라운 결과가 아닐 수 없지만, **바뀐 것은 단 하나 '관점'입니다.**

> "우리는 '인지훈련' 시리즈를 개발했다. 우리는 고객의 음성으로부터 알 수 있는 것들을 '온화함', '친근함', '신경질적임' 등으로 다양하게 구분하고 각 속성의 수준을 1부터 10의 척도로 판정하도록 상담원들에게 요구했다. 다음 단계에서는 다양한 음성으로 자신의 감정을 전달하는 방법을 익히도록 했다. 마치 연기를 공부하듯. 스트레스 레벨이 9에 달하는 고객의 소리를 들은 상담원은 레벨 9의 온화함을 넣어서 응대한다."
>
> – 티모시 골웨이, 『이너게임』

저의 첫 번째 커리어는 영업이었습니다. 낯선 사람에게 전화하는 '콜드 콜'은 엄청난 스트레스였죠. 10번 전화하면 1번 미팅에 성공하곤 했었는데, 9번의 거절을 버텨내는 건 사회 초년생인 저에게 쉬운 일이 아니었습니다. 그러던 중 저는 이 업무를 게임처럼 바꿔보기로 했습니다. 입꼬리를 올린 채 전화를 걸어보는 등 다양한 시도를 했고, 성공률을 측정했죠. 성과도 미세하게 나아졌지만, 더 중요한 것은 스트레스가 줄었다는 사실입니다. 그것은 또 다른 능동적 시도로 이어졌습니다. 어떤 담당자와 대화할 때 성과가 좋은지, 처음에 어떤 식으로 대화를 이끌어야 하는지 등. 지속적인 시도를 통해 저는 낯선 사람을 처음 만나는 것에 대한 막연한 스트레스를 꽤 해소할 수 있었습니다. 일에서 의미를 느끼지 못하는 사람을 만날 때 저는 종종 이렇게 묻습니다. "지금 구체적으로 어떤 일을 하나요? 그중에서 가장 흥미롭거나 배우고 싶은 영역은 무엇인가요?" 여러분들도 나만의 게임을 만들어 보시기 바랍니다. **인식의 전환은 저항을 사라지게 만듭니다.**

## 높은 연봉은 반드시 유리한 것일까?

사회생활 초기에 높은 연봉을 받는 것은 반드시 유리한 것일까요? 물론 고소득에 누구나 알 만한 유명한 회사에 다니는 것은 아주 멋진 일입니다. 부모님께 훌륭한 효도도 되죠. 입사 이후에 연봉에 걸맞은 실력을 갖추고자 부단히 노력한다면 그만큼 멋진 일은 없습니다. 하지만 '내 연봉이 곧 실력이자 몸값'이라고 착각하는 순간, 모든 것은 부메랑이 되어 돌아올 수도 있습니다. 주위를 둘러보면, 회사를 그만둘 용기도 없고 그렇다고 열심히 다니고 싶지도 않은 사람들이 얼마나 많은가요? 그럴수록 직장에서 새로운 능력을 터득할 가능성이 높습니다. 실력 있는 후임들의 공을 가로채거나, 사내 정치를 활용해 자신의 위치를 지키고자 애쓰게 되죠. 회사에 기꺼이 종속되는 삶입니다.

저는 사회에 막 발을 내딛는 신입사원들에게 일관적으로 묻습니다. **'연봉보다 더 중요한 것이 무엇인지'** 꼭 생각해보라고요. 연봉을 의도적으로 낮출 필요는 없습니다. 하지만 연봉만을 기준으로 의사결정 하는 것은 위험할 수 있습니다. 그리고 개인적으로는 "먹튀가 아닌, 저평가된 유망주가 되라."고 조언합니다. 연봉을 살짝 양보하는 대신, 스스로 가장 많이 배울 수 있고 권한이 주어지는 곳으로 향하라고 권하기도 하죠. 승리와 패배와 같은 아우터게임Outer game이 아닌, 일 그 자체에서 보상을 얻는 이너게임Inner game에 집중해보는 것입니다.

특히, 1인 기업가로 지낼 때 뼈저리게 느낄 수 있었습니다. 회사

밖은 녹록지 않으며, 자신의 실력을 고평가하는 것만큼 위험한 것은 없다는 사실을 말이죠. 그리고 대기업도 물론 좋지만 더 많은 권한을 행사할 수 있는 기업을 선택하는 것이 장기적으로는 더 나은 커리어가 될 수 있겠다고 생각했습니다. 실제로 상대적으로 국력이 강한 나라의 국민은 외국어를 굳이 배우지 않고, 약한 나라의 국민은 더 열심히 배운다고 하는데요. 스스로를 도전적이고 힘겨운 상황에 몰아넣고 기꺼이 배우고자 하는 의지를 갖춘다면, 성장은 가속화될 수 있습니다. 실력은 거짓말을 하지 않죠.

> "외적 보상보다 행위 자체의 즐거움을 위해 회화와 조각을 추구한 예술가들이 결국에는 사회에서 탁월성을 인정받는 예술을 창조했다. 외적 보상에 가장 영향을 받지 않은 이들이 마침내 외적 보상을 받게 된다."
> — 다니엘 핑크, 『드라이브』

## 연봉과 실력 사이의 간격을 줄이는 법, 평판

열심히 실력을 쌓고 나선 어떻게 해야 할까요? 연봉과 실력 사이의 간격을 줄여야 합니다. 연봉이 높다고 판단된다면 실력을 높이고, 연봉에 비해 실력이 높다면 연봉도 높이기 위해 노력해야 합니다. 그때 평판이 등장합니다. 그리고 평판은 성공에 있어서 생각보다 더 중요한 변수입니다. 책『포퓰러』에서 언급된 실험으로, 네덜란드 사회학자 아르나우트 판 더 레이트는 성공의 요인을 추적하기 위해, 킥스타터 신생 프로젝트 200여 개를 무작위로 선정하였습니다. 절반에는 소액을 기부했고, 절반은 무시했죠. 결과는 어떻게 되었을까요? 소액을 기부한 프로젝트는 그렇지 않은 프로젝트에 비해 추가로 기금을 모을 확률이 2배 이상 증가했습니다.

이러한 현상은 주위에서 쉽게 목격할 수 있습니다. 우리가 맛집을 찾아갈 때 '**사회적 입증**social proof' 효과를 보게 되는데요. **판단이 어려울 때 우리는 타인의 판단에 기대는 경향이 있습니다.** 그저 처음부터 유명하면 갈수록 더 유명해지는 것과 같은 효과죠. 조직이든 어디든, 처음에는 실력으로 긍정적인 인식을 형성하지만, 그로 인한 영향력과 평판은 두고두고 경험할 수 있습니다. 계속해서 우리를 따라다니게 되죠. 그렇다면, 긍정적인 평판을 위해 무언가 억지로 더 노력해야 하는 것일까요?

꼭 그렇지는 않습니다.『포퓰러』는 흥미로운 연구 결과를 제시하는데요. 처음에 저자는 수많은 젊은 천재 과학자를 떠올리며, 경력 초기에 가장 영향력 있는 논문을 쓰게 되지 않을까 가설을 세웠습니다. 하지만 실상은 달랐습니다. 과학자가 쓰는 각 논문이 중요한 논문이 될 확률은 매번 같았던 것이죠. 다시 말해, 가장 많은 논문을 쏟아낼 시기인 경력 초창기에 '가장 영향력 있는 논문'을 만들 가능성도 덩달아 높아진 것입니다. 그저 더 자주 시도했기 때문에 성공할 가능성이 높아졌던 것입니다. **즉, 부단히 노력하면 성공은 언제든 찾아올 수 있다는 말과도 같습니다. 시도하기를 멈추지만 않는다면 말이죠.**

# 5
## 대기업과 스타트업에서의 성장은 무엇이 다른가?

### 일단 로켓에 올라타라!

스타트업 생태계에서 자주 회자되는 말입니다. 메타(전 페이스북)의 COO 셰릴 샌드버그가 언급한 표현으로 유명한데요. 그녀가 하버드 대학교 축사에서 말한 전문은 다음과 같습니다. 스타트업이 줄 수 있는 기회와 매력을 잘 설명하고 있죠.

> "로켓에 올라타세요. 회사가 빠르게 성장할 때는 많은 충격이 있고 커리어는 알아서 성장하게 되어 있습니다. 하지만 회사가 빠르게 성장하지 못하고 회사의 미션이 별로 얘기가 안 될 때에는 정체와 사내정치가 시작됩니다. 로켓에 자리가 나면 그 자리가 어디 위치했는지 따지지 마세요. 우선 올라타세요."

나의 첫 커리어 브랜딩

물론, 스타트업의 성장에 좋은 점만 있는 것은 아닙니다. 2020년부터 시작된 코로나19로 스타트업 생태계가 폭발적으로 성장했지만, 2022년부터 우크라이나-러시아 전쟁을 시작으로 글로벌 경제가 얼어붙게 되면서 스타트업도 수익성을 증명해야 하는 시대가 되었습니다. 그 과정에서 많은 회사가 무너지기도 하고, 성장만 좇았던 CEO 리스크가 부각되는 경우도 많았습니다. 애플 TV의 〈우린 폭망했다WeCrashed〉에서 다룬 위워크Wework CEO의 사례가 대표적이죠.

이처럼 말도 탈도 많은 스타트업이지만, 그럼에도 새로운 것을 지향하고 혁신을 갈구하는 사람에겐 그만한 기회를 제공하는 곳도 없습니다. 특히 추후 창업가를 꿈꾸는 사람들은 스타트업 경험을 한 번쯤 필수로 거쳐 가곤 하죠. 일이 너무 많다는 단점은 압축적으로 성장할 수 있다는 장점으로, 역할과 권한이 모호하다는 단점은 다양한 직무를 경험하고 빠르게 확장해 볼 수 있다는 장점으로 바꿔서 해석할 수 있기 때문입니다. 개인적으로도 창업 경험을 포함해 스타트업 업계에 10년 넘게 머물고 있는데요, **어떤 인재가 스타트업 환경에 적합한지, 어떻게 하면 스타트업에서 잘 성장할 수 있는지** 정리해보고자 합니다.

스타트업에서 함께 일하던 몇몇 동료들과 커리어 코칭을 하다 이런 대화를 하게 되었습니다. "저는 스타트업에만 있었는데, 대기업을 경험하는 것이 필요할까요?" 제 의견은 대기업과 스타트업에서의 성장이 조금 다르다는 것입니다. 스타트업은 빠르게 성장하는 로켓에 타서, 회사의 성장과 비슷한 속도로 직원도 성장한다는 의미를 담고 있습니다. 내가 해 보지 못했던 과업을 해야 하고, 매번 새롭고 어려운 과업에 도전해야 합니다. 나는 3년 차가 되었을 뿐인데, 팀장이나 매니저라는 리더 직책을 수행해야 하는 곳이 바로 스타트업이죠. 이 과정에서 개인은 많은 것을 학습해야 합니다. 내가 경험하지 못했던 것들을 배워야 할 수 있는 일들이기 때문이죠. 그런데 가르쳐 주는 사람도, 물어볼 선배도 없는 곳이 바로 스타트업입니다. 사람 수가 적기 때문이죠.

그럼 대기업은 어떨까요? 대기업에는 전문가도 많고, 나보다 이미 이 과업을 해 본 선배나 동료가 많이 있습니다. 그들을 통해 물어보며 배울 수 있고, 내가 맡고 있는 과업에 대해서만 집중적으로 파고들어도 됩니다. 단계적 성장, 안정적 성장 그리고 대기업의 크기만큼 큰 그림을 보면서 성장할 수 있기도 하죠. 하지만 그만큼 도전적인 목표를 맡기도 어렵고, 새로운 과업을 수행하고 싶지만 넘어야 할 컨펌 라인이 많아서 포기하게 되기도 합니다. 안정적이지만 도전적이기 어려운 곳이 바로 대기업이라고 볼 수 있죠.

# 체계가 없다 VS 체계를 만든다

스타트업에 있다 보면 '체계가 없다'는 말은 귀에 딱지가 앉을 만큼 많이 듣게 됩니다. 그 때문에 비난을 많이 듣기도 하지만, 어쩌면 당연한 결과죠. 체계가 잡혔다는 것은 이미 스타트업이 아니라는 반증이니까요. 스타트업은 가설 하나에 의지해서 팀을 만들고 치열하게 증명해 나가게 되는데, 그 과정에서 발생하는 빈틈들은 모두 사람의 손으로 채우게 됩니다. 예를 들어, 배달의민족만 하더라도 초창기에는 주문이 발생할 때마다 직접 매장에 전화를 걸어서 주문을 하고, 전단을 하나하나 수거해서 데이터를 입력했던 것으로 널리 알려져 있습니다. 그 과정에서 어떤 방식으로든 고객을 만족시키고 가능성을 인정받으며 투자를 받고, 점차 프로세스를 체계화해나가게 되는데 초창기에는 어쩔 수 없이 소수 인력들의 개인기에 기댈 수밖에 없죠.

**다만, '체계 없음'은 누군가에겐 새로운 기회가 되기도 합니다.** 특히 1에서 100을 만드는 것이 아니라, 0에서 1을 만드는 것을 선호하는 사람에겐 충분히 매력적인 기회로 보이기도 하죠. 저 역시 그런 성향을 가진 편입니다. 업무 체계가 이미 견고해서 꼭 내가 아니어도 충분히 성과를 낼 동료들이 많은 상황보다는 체계나 시스템을 함께 그려나가는 것을 선호하다 보니 계속해서 스타트업

생태계에 머물게 됩니다. 종종 체계가 잘 잡혀 있는 대기업이나 공공기관에서 퇴사 후, 어떻게 살아가야 할지 막막하다는 이야기를 들을 때가 있는데요. 단단한 체계가 주는 안정감이 사라지고 나면, '혼자서 무엇을 할 수 있지?'라는 근본적 질문이 우리를 흔들 수 있습니다. 인생을 살면서 다양한 상황을 겪게 되는데, 스타트업에서의 경험은 그런 상황에서 좀 더 빠르게 적응하도록 도울 수 있습니다.

기존에 없던 체계를 만들고, 주도적으로 일하게 되는 이유에는 스타트업이 가진 특이한 보상 정책인 '스톡옵션'도 중요합니다. 일반적인 회사에서는 주인의식을 가지라고 아무리 말해도, 지분이 있는 것도 아니고 월급만 받는 입장에서 그런 생각을 갖기 쉽지 않은데요. 스타트업은 스톡옵션을 통해 개인과 조직이 함께 이길 수 있는 구조를 만들 수 있습니다. 회사가 빠르게 성장하고, 그 과정에서 발생하는 열매를 함께 나눌 거라 믿는다면, 정말 내 회사처럼 애정을 가질 수 있게 되는 것이죠.

## 스페셜리스트 VS 제네럴리스트

규모가 작은 스타트업이나 대기업이나 인재가 중요한 것은 매한가지입니다. 큰 기업은 수천, 수만 명의 직원들이 있어서 괜찮다고 하지만, 팀 단위로 들어오면 대기업도 3~4명 또는 많아야 10명 정도의 인원들로 구성되어 있기 때문입니다. 만약 5명으로 구성되어 있는 팀이 있는데, 그중 한 명의 팀원이 자기 마음대로 일을 하거나, 전문성과 태도가 부정적 영향을 준다면 그 팀의 생산성은 어떻게 될까요? 그래서 모든 조직은 구성원 한 명 한 명이 서로에게 긍정적 영향을 주는 사람이기를 바랍니다.

스타트업은 초반에는 '어떤 사람이 합류하느냐'에 따라 조직문화나 분위기가 180도 달라지기도 합니다. 그렇기에 스타트업에선 HR의 다양한 영역 중 채용의 중요성이 가장 부각됩니다. 우리 회사의 조직문화에 걸맞은 사람인지 파악하기 위해, CEO가 모든 면접에 참여하여 조직문화 적합도를 점검하거나, 입사 후 3개월의 프로베이션(수습) 기간을 마련하여 채용에서의 기대가 실제로 일치하는지 꼼꼼하게 판단합니다. 어쩌면 대기업보다 규모가 작고, 한 사람이 갖는 영향력이 크다 보니 더 치열하게 고민하기도 합니다. 다양한 일을 소수가 해내야 하고 역할은 언제든 달라질 수 있기에, **초기 스타트업은 직무 적합도보다 조직 적합도를 더 중요하게 여기는 경향이 있습니다.**

스타트업에서 자주 회자되는 말이 "그때는 맞지만 지금은 틀리다."입니다. 초기 스타트업에서 각광받는 인재는 제네럴리스트입니다. 업무 퀄리티보다는 속도가 더 중요한 시점이고, 자신의 영역만 고집하기보다는 빈틈이 생기면 기꺼이 뛰어들 수 있는 인재들이 꼭 필요합니다. 반대로 한 분야를 깊게 파고들어서 전문가를 지향하는 분들도 있습니다. 그런 분들은 스타트업 초기보다는 어느 정도 규모가 갖춰진 이후에 합류하는 경우가 일반적이죠. 현재 어떤 시기냐에 따라서 적합한 인재의 모습은 달라지는데, 조직이 성장하면서 새로운 사람들이 들어오고 그에 맞춰 조직 또한 적응하는 모습을 관찰하는 것은 좋은 배움이 되기도 합니다.

**만약 리더십에 관심이 있다면, 리더 역할을 경험하기에는 스타트업이 상대적으로 유리합니다.** 대기업에서는 아무리 많은 연차가 쌓이더라도 실질적인 리더 역할을 하기 어려울 수 있는데요. 조직이 빠르게 성장하는 스타트업에선 역량이 부족하더라도, 일단 맡겨보는 경우가 많고 그 과정에서 시행착오를 겪으며 리더십을 배울 기회가 만들어집니다. 저 역시 전체 경력이 2~3년밖에 되지 않았음에도 불구하고 나름대로 팀원을 매니징하고, 팀을 훌륭하게 이끌어가는 아웃라이어들을 제법 관찰할 수 있었습니다. 체계가 없고 사람이 없는 환경이기 때문에, 역설적으로 일반적 성장 곡선을 뛰어넘는 성장도 가능하죠. 물론 단계적이고 안정적인 성장, 그리고 보고 배울 사람들을 고려하면 대기업이 더 맞다고 느끼는 분들도 분명히 있을 테고요.

## 규율과 체계 VS 자율과 수평

스타트업에서 가장 논쟁이 되는 가치는 '자율과 수평'입니다. 체계가 없고 다양한 역할을 소수 인원이 해야 하기에, 위계 조직처럼 지시와 명령에 의해 움직이기보다는 각자 알아서 하는 문화가 강합니다. 그로 인해 구성원들이 자유롭게 의견을 제시할 수 있고, 의사결정도 유연합니다. 어렵고 힘든 시기를 버틸 수 있는 힘 역시 동료들과의 끈끈한 관계와 소통에서 비롯됩니다. 전사 미팅을 통해서 중요 지표가 공유되고, 단순한 전달을 넘어서 질의응답을 치열하게 주고받습니다. 스타트업이 이렇게 정보 공유를 중요하게 생각하는 이유는, **충분한 맥락하에서 스스로 판단하고 일하기를** 기대하기 때문입니다. 자율과 소통의 문화가 잘 구축되면, 일당백의 조직이 됩니다.

하지만 성장 과정에서 '자율과 수평'이 지나치게 강조되면 문제가 되기도 합니다. 수평적인 조직문화로 유명한 회사에 다니는 지인은 "수평 조직이라는 점은 좋은데, 가끔은 2인 3각이 아니라 99인 100각을 하는 것 같아서 힘들다."고 말한 적이 있는데요.

스타트업의 핵심은 빠른 속도임에도 불구하고, 어느 순간부터 인원이 많아짐에 따라 의견 충돌이 잦아지고, 의사결정도 늦어지는 것을 볼 수 있습니다. '체계 없음'의 장점보다 단점이 부각되는 것이죠. **결국 시간이 지날수록 자율보다는 규율, 수평보다는 체계를 더 강조하게 됩니다.** 중간 관리자를 뽑고, 규정과 절차를 만들고, 성과를 관리하는 일련의 과정을 거치게 되죠. 변화를 경험하는, 특히 초기 구성원들 입장에선 우리가 지키고자 했던 조직문화가 변화한다고 여기게 되고, 예상치 못한 갈등도 생기게 됩니다. 성장에 따른 자연스러운 조직 변화를 경험하고 싶은 분들께 스타트업 커리어를 추천합니다.

## 학습하기 좋은 환경의 역설

"Software is eating up the world." 마크 앤더슨이 말했듯 소프트웨어는 지금 세상을 먹어 치우고 있고, 미래에는 AI가 우리의 일자리를 먹어 치울지도 모릅니다. 새로운 지식을 창출하는 지식근로자로서, 앞으로 어떤 방향으로 성장해나가야 하는지 근본적인 고민이 필요한 시점인데요. 특히 스타트업에서는 디지털 변화를 선호하는 기업이 많기 때문에 AI가 불러올 변화를 이해하는 것은 더욱 중요합니다. 김창준 작가의 책 『함께 자라기』에선 AI

시스템에 유리한 조건을 아래와 같이 언급합니다.

1) 목표가 분명하고 객관적으로 정해져 있으며 정적이다.
2) 매 순간 선택할 수 있는 행동/선택의 종류가 유한하게 정해져 있다.
3) 매 순간 자신이 목표에 얼마나 근접했는지를 알 수 있다.
4) 주로 닫힌 시스템 속에서 일한다.(예상 못 한 일이 잘 일어나지 않는)
5) 과거의 선택과 결과에 대한 구조화된 기록이 많다.

이러한 조건들은 비단 AI뿐만 아니라 인간이 학습하기 좋은 환경이기도 합니다. 특히 수능 시험이 정확히 이런 환경에서의 학습 능력을 요구하죠. 하지만 동일 조건이라면 학습 속도 면에서 인간은 AI를 따라잡기 어렵습니다. 2016년의 알파고와 이세돌의 대국을 생각하면 쉽게 알 수 있죠. 바둑을 비롯한 스포츠 경기들을 그나마 '인간끼리의 경쟁'을 강조함으로써 상대적으로 보호받을 수 있지만, 기업은 다릅니다. 인간이든 기계든 AI든 과정은 그리 중요하지 않을 수 있죠. 결과물만 동일하다면 말이죠. 2022년부터 Chat GPT가 대중에게 알려지면서 그 격차는 더욱 벌어지지 않을까 합니다. 결국 김창준 작가는 **인간이 쉽게 대체되지 않으려면, '학습하기 힘든 환경과 주제'를 선택해야 한다고 강조**합니다. 이는 학습에 유리한 조건을 반대로 뒤집어 보는 것입니다.

1) 목표가 모호하고 주관적일 수 있으며 동적이다.
2) 매 순간 선택할 수 있는 행동/선택의 종류가 불확실하다.
3) 매 순간 자신이 목표에 얼마나 근접했는지를 알기 어렵다.
4) 주로 열린 시스템 속에서 일한다.(예상 못 한 일이 잘 일어나는)
5) 과거의 선택과 결과에 대한 구조화된 기록이 별로 없다.

이런 환경은 복잡도가 높고, 주변 사람 및 환경과 상호 작용합니다. 계속해서 변화하게 될 가능성이 높죠. 때문에 주위 맥락을 파악하는 높은 사회적 기술이 요구됩니다. 관련 연구에서 밝혀진 바에 의하면 **뛰어난 소프트웨어 개발자는 다른 사람들과의 상호 작용에 더 많은 시간을 씁니다.** 우리가 전문가라고 했을 때 쉽게 떠올리는 '고독한 전문가'는 미신에 가까운 것이죠. 개인적인 경험도 비슷합니다. 제가 만난 뛰어난 개발자들은 혼자서 코딩만 하는 것이 아니라, 지속적으로 프로덕트 매니저를 비롯한 주변 사람들과 자주 소통하고, 친밀도를 쌓고, 지식을 나누는 등의 행동을 보였습니다. 복잡도가 높은 상황에서 적절히 관계를 형성하고 제대로 된 의사결정을 하는 것이 쉬운 일은 아니지만, 그렇게 쌓아나간 경험과 노하우만큼은 인공지능으로 대체되기 어렵다는 것이 우리에게 필요한 시사점이 아닐까요.

## 스타트업에서 일 잘하는 사람의 공통점

스타트업에서 처음 커리어를 시작하는 분들과 대화를 나누다 보면, 이런 질문을 듣습니다. "매일매일이 좌충우돌의 연속이고, 보고 배울 시니어가 적다 보니 내가 잘하고 있는지 잘 모르겠어요. 성장하고 있다는 느낌이 들지 않아요." 그럴 때 저는 이렇게 답변합니다.

"그럴 수도 있습니다. 개인의 성향에 따라, 성장하기에 나은 환경은 다를 수 있는 것 같아요. 대기업은 비교적 잘 관리된 경력 성장 곡선을 제공합니다. 신규입사자 교육을 비롯하여, OJT도 체계적인 편이죠. 신입사원에 대한 기대도 낮기에, 직급에 따라서 하나씩 배워나가기에 좋습니다. 스타트업 환경은 상대적으로 척박합니다. 온보딩은 하물며 시니어나 매니저가 없는 경우도 허다하죠. 신입사원에게도 적지 않은 책임과 권한이 주어지기 때문에 스트레스는 높습니다. 교육이나 훈련이 거의 없기 때문에 하나씩 배워나간다는 느낌도 적습니다. 다만, 좌충우돌한 경험을 거치고 뒤를 돌아봤을 때 스스로 이렇게 성장했다는 것을 느끼는 것 같아요. 학습이 일어나는 시기와 느끼는 시점이 다르다고 말할 수 있겠네요."

개인적인 경험에 의하면, 스타트업에서 일 잘하는 사람들은 몇몇 특징이 있습니다. **첫 번째로 '일단 해 볼까?'의 자세로 일의 귀천을 따지지 않습니다.** 일이 되도록 한다는 관점에서, 한 번도 해 보지 않았던 일이라도 일단 시도해봅니다. 충분히 준비되어 시작하는 것은 아니기에 퀄리티는 떨어질 수 있지만, 아예 시작을 못하는 것보다는 나을 수 있죠. 스타트업은 빠른 속도가 생명이니까요. 그들은 새로운 과제가 부여되면 며칠 내로 대략적인 결과를 가지고 옵니다. 업무 프로세스Process가 아닌 일의 진전Progress을 더 중요하게 여기기 때문입니다.

두 번째로 **'남다른 주인의식'을 갖고 있습니다.** 개인적으로 신기하게 생각하는 공통점인데, 회사의 비용이나 자원을 자기의 것처럼 생각하는 사람들이 있습니다. 물론 조직이 곧 나라고 느끼는 '조직 일체감'이 너무 높을 경우에는 조직이 성장하면서 또 다른 문제가 드러나기도 하지만, 높은 주인의식을 가진 분들은 초기 스타트업에서 꼭 필요합니다. 경력 개발에 대한 관심보다, 조직에서 필요한 일이 있다면 두 손을 걷고 나서는 공통점이 있죠. 반면, 조직이 성장할수록 조직 몰입도보다 직무 몰입도가 높은 직원들이 늘어나기 마련이고요.

**마지막 역량으로는 역시 '커뮤니케이션'입니다.** 소통과 협력이 원활한 사람입니다. 어떤 조직이든 그렇겠지만, 아무리 주도성이나 책임감이 높더라도 소통 능력이 낮으면 신뢰를 쌓기 어렵습니다. 특히 스타트업에선 부서와 부서 간 체계적으로 소통하는 경우보다 개인과 개인 간에 이뤄진다거나, 고객 접점에서 대화를 나눌 경우가 많은데요. 그 과정에서 커뮤니케이션을 꼬이게 만들거나, 다른 사람들의 에너지를 너무 많이 사용해야 한다면, 일을 잘한다는 평가를 받기가 어렵습니다. 문서와 구두 커뮤니케이션 모두, 어느 정도 수준 이상은 되어야 합니다.

이런 공통점들이 스타트업의 성장 곡선에 모두 들어맞는 것은 아닙니다. '일단 해 볼까?'보다 '일단 생각해보자.'가 더 중요해지는 시점이 분명 있으니까요. 더불어 필요한 것이 사실 운인데요. **조직의 필요와 개인의 성향이 잘 만나 서로의 여정을 함께한다는 것은 인생의 큰 행운이 아닐까 합니다.** 여러분은 어떤가요? 더 복잡하고 예상하지 못한 일이 일어나며, 상호 교류가 많이 필요한 환경이 매력적으로 느껴지나요? 만약 그렇다면 스타트업에 한번 도전해 보길 권합니다. 만약 대기업에 갔다면, 스스로를 더 복잡하고 예상하지 못한 상황에 놓이도록 시도해 보길 바랍니다. 학습력과 적응력을 키우는 것은 그곳이 스타트업이든 대기업이든, 여러분의 미래를 위한 귀한 무기가 될 것입니다.

# 6

## 책을 읽고,
## 글을 써야 하는 이유

### 한때 영리했다가 어느 순간 흐릿해진 중년들

장강명 소설가의 칼럼 '흥미로운 중년이 되기 위하여'는 젊었을 때는 잘 어울렸는데 나이가 들면서 만남이 뜸해진 또래들에 대한 이야기입니다. 어느 순간부터 상대방의 이야기가 얼마나 흥미로운지에 따라 만남이 좌우된다는 것이죠. 뻔한 생각을 가졌거나 혹은 별생각이 없는 사람이 갈수록 많아진다는 것을 꼬집기도 합니다. 잡학에도 깊이를 담을 수 있는 사람들이 있고, 그들의 특징에는 공통점이 있는데요. 주제를 다양한 맥락에서 검토하고, 하나의 사건을 다른 범주의 사건으로 잇고, 추상화나 메타인지 능력도 높습니다. 작가의 경험에 따르면, **한때 영리했다가 어느 순간 흐릿해진 중년들에겐 '독서의 부재'라는 공통점이 있습니다.** 책을 읽지 않은 채, 타고난 영리함과 순발력으로 30대를 버틴 것이죠. 글은 이렇게 끝납니다. "중년들이여, 책을 읽자. 주름 제거 시술보다 시급하다. 콘텐트 부재도 주름만큼 훤히 보인다."

어느덧 중년에 된 저에게도 공감이 되는 글이었습니다. 젊었을 때보다, 지식과 경험이 쌓일수록 흥미로운 대화의 편차도 더 커집니다. 새로운 경험과 지식에 열려있는 것, 기존 생각을 확신하지 않는 것, 배웠던 것을 잘 잊어버리는 것도 중요합니다. 어쩌면 생물학적 나이를 떠나서, 열린 마음과 학습 능력을 잃어버린 사람들이 소위 '꼰대'가 되는 것이 아닐까 생각합니다. '젊은 꼰대'라는 말이 폭넓게 받아들여진 것을 생각하면 더욱 그렇죠. 지금처럼 모든 것이 복잡하고 달라지는 환경에서 "나는 옳고, 너희는 틀리다.", "이것이 맞고, 저것이 틀렸다."라고 말하는 것은 어쩌면 무지의 반증이니까요.

문해력을 바탕으로 한 우리나라의 실질적 문맹률은 OECD 중 최하위권이라고 합니다. 하지만 스스로 무엇이 부족한지는 알기 어려운 세상이 되었습니다. 손안의 스마트폰은 우리가 전지전능해졌다는 착각을 하게 만들죠. 물론, 자신의 생각과 가치관을 수립하고, 말을 하고 글을 쓰고, 반성적으로 사유하는 능력은 힘들고 부자연스럽습니다. 의도적으로 책을 읽거나 생각하지 않으면 쉽게 길러지지 않죠. 하지만 그러한 노력을 하지 않으면 더 자연스럽게 꼰대가 될 수 있습니다. **내 안의 다양한 생각과 의견을 공존시킬 수가 없기 때문입니다.**

## 전문가의 신화와 인지 고착화

어릴 적부터 한 분야에 매진해서 최고가 된 사람들이 있습니다. 하지만 책 『늦깎이 천재들의 비밀』은 그러한 '전문가의 신화'를 꼬집습니다. 무엇이든 일찍부터 한 분야를 파고드는 것이 전문가가 될 수 있는 비법이라고 생각하지만, **막상 탁월한 선수들은 체계가 엉성한 환경에서 다양한 경험을 하는 '샘플링 기간'을 갖는다**고 합니다. 어떤 분야에서 전문가가 되는 순간, '인지 고착화'에 빠지게 되고 새로운 규칙과 환경에 적응하는 것은 더 어렵습니다. 반면 전문가의 함정에서 자유로운 사람은 협소한 주제에 강박적으로 집중하기보다는, 다양한 분야에 넓게 관심을 가지며 자기 분야를 선택하게 됩니다. 그러한 방식으로 분야를 선택해서 파고들 때, 한 가지 분야에만 매진했을 때는 나올 수 없는 깨달음을 얻는다고 합니다.

제 커리어도 전문가와는 거리가 멉니다. 처음 HR 업무를 시작

나의 첫 커리어 브랜딩

했을 때는 이미 사회생활을 시작한 지 6년 정도 지난 시점이고, 누군가에겐 늦었다고 볼 수 있었죠. 하지만 저는 새로운 것을 배우고 적응하는 것에 익숙했습니다. 출퇴근 시 늘 공부했고, HR 스터디를 하고, 대학원에 진학했습니다. 그 과정에서 과거 경험과 배움들이 어떤 식으로든 연결된다는 것을 느꼈죠. 스티브 잡스가 말한 'Connecting the dots'를 실제로 경험한 것이죠.

데이비드 앱스타인은 '전문화의 신화'를 꼬집습니다. 특허를 분석한 연구에서, 불확실성이 높은 분야에서는 전혀 쓸모없는 특허도 많지만, 대성공을 거둔 것들도 있다고 합니다. 반면 불확실성이 낮은 분야에서는 더 뻔하긴 하지만, 유용한 특허가 더 많았다고 하죠. 그런 경우 전문가들의 팀이 성공을 거둘 확률이 더 높습니다. 예를 들어, 수술진은 특정 수술을 반복할 때 실수가 줄어들고 속도도 더 빨라지게 되죠. 하지만 불확실성이 높은 분야에서는 다양한 기술에 속하거나, 지식 및 경험 범위가 넓은 사람이 더 중요했다고 합니다. 우리에게 놓인 환경에 따라, **전문성은 득이 되기도 하지만 독이 되기도 한다**는 시사점을 얻을 수 있었습니다.

예측 능력은 어떨까요? 많은 사람들이 전문가들이 해당 분야에 대해 더 잘 예측할 거라 쉽게 생각하지만 결과는 그렇지 않았습니다. 평균적으로 전문가의 예측은 엉망이었죠. 진짜 문제는 많은 전문가들은 자신의 판단에 결함이 있다는 것을 인정하지 않았고, 모순과 모호함을 받아들이지 않았습니다. 그에 반해, 특정 분야를 깊이 공부하지 않으면서 다방면에 관심을 갖고 독서하는 사람들은 예측 프로젝트에서 승리했습니다. 최고의 예측가들은 뛰어난 협력자로서의 자질도 갖고 있었는데요. 정보를 공유하고, 예측을 함께 논의했으며, 과학적 호기심을 갖고 있었습니다. 본인의 생각과 반대되는 개념을 분야를 뛰어넘어 적극적으로 찾아보려고 했지만, 전문가들은 반대되는 증거에 거부감을 보였다고 하죠. **내가 더 많이 알기 때문에 내 판단이 옳다는 함정에 빠지고 마는 것입니다.**

## 독서, 꼰대가 되지 않기 위한 지름길

어떻게 해야 꼰대가 되지 않을 수 있을까요? 제가 강조하고 싶은 것은 뻔하지만 역시 '독서'입니다. 경험을 통해 삶을 배워 나가는 사람들은 이렇게 말합니다. "책을 가지고 뭘 배울 수 있겠어? 직접 부딪치는 것만큼 중요한 것이 없다고!" 그 말도 일리는 있습니다. 책에서만 세상의 답을 찾으려는 것은 아주 위험하죠. 하지만 답은 간단치 않습니다. 경험주의자들은 이론가들을 '해 본 것이 없다.'며 얕잡아보고, 이론가는 '그게 다인 줄 안다.'며 무시하죠. 저는 철학자 강유원의 책 『몸으로 하는 공부』에서 힌트를 얻었습니다. **결국 지행합일, 경험과 이론 둘 다 겸비되어야 한다는 것이죠.**

"몸은 인간에게 가까운 것이어서 겪어서 알게 된 것은 좀처럼 잊히지 않는다. 그래서 아마도 세상에서 가장 무서운 사람 중의 하나는 바로 '겪어서 아는 사람'이라 할 수 있다. 한국 전쟁을 겪어본 사람은 겪어보지 않은 사람에게 그 주제에 관한 한 거의 절대적인 권위를 갖고 있다. 물론 이에 대한 반론도 가능하다. 즉 '낙동강 전선에서 압록강 전선까지 모든 전쟁을 겪었느냐.'는 반론 말이다. 오히려 몸으로 직접 겪어보지 않고 전체를 이론적으로 조망할 수 있는 위치에 있는 사람이 사태의 실상을 더 자세하고 정확하게 알 수도 있는 것이다. 몸으로 겪어봐서 아는 것도 중요하지만 더 중요한 것은 그것을 이론적으로 정리할 줄 아는 것이다. 다시 말해서 경험과 이론 둘 다가 겸비되지 않으면 그것은 제대로 된 지식이라 하기 어렵다. 이걸 흔히 '지행합일' 또는 '지행일치'라고 한다."

- 강유원, 『몸으로 하는 공부』

몸을 통한 경험과 책을 통한 이론이 겸비되지 않으면 그것은 제대로 된 지식이라고 하기 어렵습니다. 둘 다 중요함에도 불구하고, 굳이 독서를 더 강조하는 이유는 무엇일까요? **그것이 더 의식적인 활동이기 때문입니다.** 우리 모두 직장 생활을 하다 보면 경험은 저절로 쌓입니다. 하지만 독서는 저절로 쌓이는 법이 없습니다. 머리가 좋다고 피해갈 수 있는 것도 아닙니다. 독서는 머리로 하는 것이 아니라, 지금까지 축적된 독서량으로 하는 것이기 때문입니다. 독서는 단거리가 아니라 장거리 달리기에 가깝습니다. 무리해서 급히 달릴 필요는 없지만, 꾸준히 달려나가야 합니다. 그래야 본인의 경험에 갇히지 않고 열린 태도를 유지할 수 있습니다. 꼰대가 되지 않기 위한 지름길입니다.

## 글쓰기, 내 생각을 구성하는 가장 효과적인 방법

배움의 궁극은 가르침이듯, 책 읽기의 궁극은 글쓰기입니다. 저는 직장 생활을 시작하면서 바로 블로그를 운영했습니다. 방문자는 거의 없었지만, 그럼에도 꾸준히 글을 써 내려갔습니다. 그러던 중 한 가지 중요한 사실을 발견했는데, 제가 누군가에게 반복적으로 말하는 내용들이 실은 제가 썼던 글에서 비롯되었다는 것이죠. 결국 저는 글을 통해 제 생각을 구성하고, 정리된 제 생각들은 다시 글로 표현되는 사이클을 반복하고 있었습니다. **어쩌면 제가 글을 쓰고 있었던 것이 아니라, 글이 저를 구성하고 있었는지도**

**모르겠습니다.**

직장 생활에서도, 글쓰기는 중요한 능력입니다. 업무적으로도, 개인 성장에도 모두 유용합니다. 우선 글을 쓰면 자연스럽게 회고가 이뤄집니다. 무엇을 했고, 얼마나 잘했는지, 앞으로 어떻게 할 것인지 작성하게 되죠. 현실과 한 발짝 떨어져서 글을 적는 동안, 새로운 아이디어나 배움이 일어나기도 합니다. 스트레스를 받는 상황에서 글쓰기는 더욱 유용합니다. 문제를 좀 더 객관적으로 파악하게 하고, 갈등 상황을 해결할 만한 해결책이 떠오르기도 합니다. 글쓰기 자체가 스트레스를 낮추는 역할도 하죠. 회사에서 일어나는 사건들과 그에 대한 감정, 그리고 배운 점을 쓰다 보면, **그 자체가 나만의 포트폴리오**가 될 수 있습니다.

개인의 성장을 넘어 업무적으로도 글쓰기는 꼭 필요한 능력입니다. **직급이 높아진다는 것은 더 추상적인 개념어를 다룬다는 것**을 의미합니다. HR 업무를 예를 들어, 주니어 때는 채용 운영을 열심히 하거나 채용 행사를 기획하면 되었지만 팀장 레벨로 갈수록 팀의 전반적인 방향성을 제시하거나, 조직의 많은 구성원들에게 새로운 제도를 설명하는 경우가 더 많아지죠. 그럴 때 내 생각과 관점을 체계적으로 정돈하고, 명료하게 커뮤니케이션할 수 있어야 합니다. 결국 일잘러 직장인은 소통의 중심에 서 있습니다. 다양한 부서의 니즈를 왜곡 없이 정리하고, 간결하게 결론을 내릴 수 있도록 해야 합니다. 점차 쌓아 올린 글쓰기 능력은 커뮤니케이션하는 모든 순간에 발휘하고, 그것은 긍정적인 영향력으로 돌아오기 마련입니다.

5장

# 신입사원을
# 프로 직장인으로 만드는,
# Basic skills

# 1

# 호칭으로 보는
# 조직문화

조직문화란 무엇일까요? 조직문화를 간단하게 표현하면 같은 '조직 안에 있는 모든 구성원들의 행동을 규정하는 규칙'입니다. 신입사원이 조직문화를 알아야 하는 이유는 조직문화에 따라 '팀과 회사에서 중요한 일과 중요하지 않은 일이 구분'되고 'A급 인재와 C급 인재의 평가 기준'이 되기 때문입니다.

한마디로 정의해 보면 우리 회사에서, 우리 팀에서 '모든 구성원들이 행동하고 의사결정 하는 기준'이라고 할 수 있습니다. 즉 CEO부터 신입사원까지 어떤 방식으로 일을 하고, 행동을 해야 하는지를 알려주는 것이죠. 예를 들어, '성장하기 위해 피드백하는 문화'를 가지고 있다면 이런 행동과 의사결정을 할 수 있다는 의미입니다.

1) 서로의 과업을 양옆에 있는 동료에게 보여주고, 그들의 의견을 듣고 더 나은 방법을 반영한다.

2) 매월 리더와 팀원이 1 ON 1 미팅을 통해 서로의 성장을 위한 Stop, Start, Continue 행동을 공유하고, 그중 1가지를 실행한다.

3) 동료에게 피드백을 줄 때 그의 성장과 성공을 바라는 마음을 갖는다.

자, 그럼 사례를 통해 다양한 조직문화를 이해해 보겠습니다.


## 직급과 직위 그리고 직책의 차이

직급과 직위, 직책의 차이를 구분해 봐야 하는데요. 호칭은 모든 기업들이 다르게 사용하고 있기 때문이 우리 회사의 호칭이 무엇인지 빠르게 파악하는 것이 필요합니다. 먼저 일반적인 기업에서의 호칭을 살펴보겠습니다.


### 1) 직급

사원-주임-대리-과장-차장-부장-임원(이사/상무보-상무-전무-부사장-사장-부회장-회장) 순으로 직급이 정해집니다. 조직의 큰 틀에서 보면 가장 광범위하게 레벨을 나눈 것이라고 보면 됩니다. 임원 중에 이사라는 직책이 있는 경우 이사회 이사랑 조금

헷갈릴 수 있습니다. 이사회의 이사는 직책을 의미하고, 임원으로서의 이사는 직급을 의미합니다. 그래서 이사회가 있는 회사의 경우 이사가 아닌, 상무나 상무보부터 임원 직급으로 활용하는 곳이 있습니다. 또 직급 중에 대우라는 것을 표기하는 경우가 있습니다. 과장대우, 차장대우, 부장대우 등입니다. (임원은 보를 붙여서 상무보, 전무보로 부릅니다.) 대우는 직급은 과장이고 과장 대우를 해준다는 의미이며 역량이나 성과가 조금 부족하지만 승진을 시켜야 하는 경우 먼저 승진을 시키고, 성과나 역량이 커지길 기대하는 것을 의미합니다. 즉, 회사에서 인재를 동기부여 시키기 위한 하나의 예비 승진 개념이라고 보면 됩니다. 간혹 회사마다 대우나 보가 될 경우 직급 대우는 해주지만 급여를 일부 적게 주는 경우가 있습니다. 대우나 보를 떼라는 동기부여 측면이죠.

## 2) 직책

구체적인 직위라고 표현할 수 있습니다. 즉, 직책을 가지고 있다는 것은 구체적인 권한과 책임이 연결되어 있다는 것을 의미합니다. 직책만 들어도 어떤 일을 하는 사람이고, 어떤 책임과 권한이 있겠구나 판단할 수 있는 거죠. 저도 외부 미팅을 할 때 꼭 "○○ 사업부 인사 팀장입니다."라고 소개했었습니다. 그럼 상대방은 바로 이해를 하는 거죠. 저의 책임과 권한 영역에 대해서요. 회사마다 직책은 너무 많아서 몇 가지만 예를 들겠습니다. 영업

팀장, 인사 과장, 생산 본부장, 아동복 MD, 마케팅 팀장, 이사회
이사 등등. 직책을 좀 더 구체화해서 이야기할 때는 직책 앞에 부
서나 사업부를 넣기도 합니다. 예를 들어 청바지 생산 팀장, ○○
브랜드 상품기획 팀장, ○○ 백화점 ○○지점 마케팅 팀장처럼 말
이죠. 우리나라에는 직위, 직급, 직책으로 호칭하는 기업들이 아
직 많이 있습니다. 이렇게 호칭을 하는 이유는 명확한 R&R 때문
입니다.

직책은 기업마다 다릅니다. S그룹은 팀장이 임원이고, 그 아래
그룹장과 파트장이라는 직책이 있습니다. 그런데 일반 기업에서
는 부문장, 본부장, 팀장이라는 직책이 있죠. S그룹에서의 파트장
은 일반적인 기업에서는 팀장과 동일하다고 볼 수 있습니다. 또
스타트업에서는 팀장이라는 직책보다 매니저라는 직책을 더 많
이 사용하곤 합니다. 호칭에서 주는 메시지를 팀장과는 다르게
하기 위해서입니다.

## 님으로 호칭하는 이유

과거에는 부장님, 과장님, 또는 팀장님, 이사님이라고 직급과
직위 또는 직책을 부르던 기업들이 '님'이라는 호칭을 하기 시작

했습니다. 이유는 무엇일까요? 호칭의 변화를 통해 기업이 얻고자 하는 것은 수평 조직을 통해 직원들의 창의적인 활동을 늘려 성과를 내고 기업이 성공하기 위함입니다. 기존 기업의 문화는 '상명하복', 'TOP-DOWN', '시키는 거 잘하자.'였습니다. 아직도 일부 제조업이나 기간산업에서는 비슷할 거라 생각합니다. 과거에는 탁월한 소수의 리더가 전략을 짜고, 적절한 의사결정을 통해 조직을 이끌어 가는 리더십 필요했습니다. 하지만 이제 소비재, 서비스 그리고 IT업계 중심으로 소수의 머리가 아닌, 다양한 직원(직급, 나이, 경험, 성, 지역 등)들의 아이디어와 실행이 필요한 비즈니스 환경이 되어 버렸습니다. 이에 수평적인 문화를 바탕으로 직원들이 자유롭게 아이디어를 내고, 의사소통을 하고 실행할 수 있도록 기반 마련을 위해 호칭의 변화가 필요해졌다고 볼 수 있습니다.

'님'으로 호칭을 통일한다는 의미는 무엇일까요? 가장 중요한 것은 '신분제'에서 '능력제'로의 전환입니다. 과거는 직급이나 직책을 기준으로 업무가 주어졌다면 이제 모두가 '님'이 되어버리면서 '이 일을 가장 잘하는 직원이 누구지?'라는 관점으로 바뀌게 된다는 것입니다. 그렇다면 '님'으로 호칭을 바꾸게 되면 장점은 무엇일까요? 제대로 활용한다면 많은 장점을 가져오게 됩니다.

가장 큰 것은 바로 '자율적으로 일할 수 있는 문화'가 정착될 수 있습니다. 즉, 누구의 눈치를 보지 않고, 자신의 의견을 편하게 이야기할 수 있고, 누구에게나 능력만 있다면 기회가 주어진다는 의미이겠죠? 이렇게 되면 조직 관점에서는 능력 있는 직원들을 발굴하면서 그들에게 기회를 주는 것이 조금 수월해집니다. 기존에는 연공이나 직급 때문에 눈치가 보였지만, 이제는 실력 있는 사람이 해야 한다는 문화가 형성되기 때문입니다.

두 번째로는 '서로를 존중하는 문화'가 형성됩니다. 님이라는 호칭은 단순하게 호칭만 바뀌는 것이 아닌, 존칭을 사용하게 된다는 의미입니다. 존댓말을 쓰면서 화를 내거나 싸워본 적이 있나요? 누군가에게 존칭으로 질책하거나 심하게 이야기해본 적은 있나요? 존댓말을 사용하면 반말을 사용할 때보다 조심하게 됩니다. "○○ 주임, 이것 좀 해줘~"와 "○○님 이것 좀 부탁해요."의 차이입니다.

세 번째로는 직장 내 괴롭힘도 조금 사라진다고 볼 수 있습니다. 서로 평등한 존재라는 인식에서부터 시작하기 때문입니다. 님 호칭과 비슷한 목적을 가진 호칭이 바로 영어 이름 부르기인데, 주로 스타트업에서 영어 이름을 사용합니다.

# 호칭이 곧 문화입니다

요즘 문화를 바꾸기 위해 호칭을 변경하는 기업들이 많습니다. 이때 나타나는 다양한 부작용을 이해하면 조금은 적응이 빠를 수 있습니다. 갑작스러운 호칭의 변화로 우려되는 상황이 많이 있기도 합니다. 만약 과장님, 팀장님으로 호칭하다가 님 호칭으로 바꾼다고 모든 것이 기대했던 대로 바뀐다고 생각하면 오산입니다. 호칭을 바꾸는 것에 대한 직원들의 내부 반발이 꽤 크기 때문입니다. 특히, 고연차, 고직급 그리고 직책자들에게서 말입니다. 그들이 가진 기득권과 권력을 빼앗아야 하는 상황이 생기기 때문입니다. 호칭이 바뀌면서 바로 나이가 많거나, 직급이 높은 직원들이 좋다고 인정할까요? 그런 직원은 그리 많지 않습니다. 아마 후배들에게 "너희들은 좋겠다. 우리 때는 ○○○ 시키더니 세상 좋아졌네, 잘해 봐."라고 비아냥거리거나 확산을 방해하기도 합니다. 이들에 대한 변화관리가 필요하고, 동일하게 젊은 세대들에게는 선배 세대를 더욱 존중하며 수평 문화를 어떻게 확산해 갈 것인지 고민하도록 해야 할 것입니다.

두 번째는 버스에서 내리게 되는 경우가 발생한다는 것입니다. 즉, 이런 문화에 적응하지 못하는 직원들을 어떻게 회사와 잘 헤어지게 할 것인지에 대한 대안이 준비되어야 합니다. 문화에 부

적응할 경우 개인에게만 문제가 생기는 것은 아닙니다. 절대적으로 조직에 마이너스 영향을 끼치게 되며 조직 구성원들의 몰입까지도 저해하게 됩니다. 한 명이 아닌 팀의 성과를 떨어트린다는 의미입니다. 이들이 어떻게 하면 변화하는 문화에 적응하고, 성과 내게 할 것인지를 고민함과 동시에 최악의 상황으로 잘 헤어지는 방법 또한 미리 준비해야 합니다.

세 번째는 변화에 적응하기 어려운 시니어에게 어떤 IN-PUT을 줄 것인지 미리 준비해야 합니다. 『90년생이 온다』라는 책을 보고 느낀 점은 내가 막연하게 알고 있었던 밀레니얼 세대와 나의 생각의 차이였고, 그들의 삶의 가치관이 나와는 다르다는 것이었습니다. 그리고 지금 시대의 주인공은 내 세대가 아닌, 그들 세대라는 것을 인정하게 되었고요. 그로 인해 내가 뒤처지는 것이 아닌, 그들을 위해 무엇을 할 수 있을까를 생각해 보게 되었습니다. 시니어들에게 자신의 강점, 재능을 활용할 수 있는 기회를 만들어주고, 그들이 변화에 적응하도록, 그들의 경험과 지식을 좀 더 나은 모습으로 조직에 기여하도록 하는 학습, 배움, 생각의 시간이 필요하다고 생각되더라고요.

만약 '님'으로 호칭하는 기업이라면 서로 존중하는 문화, 서로 다름을 인정하는 문화, 자율권과 책임이 같이 주어지는 문화뿐만이 아니라, '직원들이 자신이 하고 싶은 말을 편하게 할 수 있는 지?', '자신의 아이디어를 주도적으로 실행할 수 있는 기회가 주어지는지?', '잘한 것과 못한 것에 대한 구체적인 피드백을 받을 수 있는지?', '직원들이 스스로 할 수 있도록 기다려 주는지?', '내 생각과 다르더라도 참아줄 수 있는지?' 등의 변화까지도 따라와야 합니다.

직급, 직위, 직책, 님 말고 또 다른 호칭을 사용하는 기업들도 있습니다. S전자의 경우는 'PRO'라는 호칭을 사용하는데, 임원이나 그룹장, 파트장 또는 선임과 책임 모두 '프로님'이라고 호칭합니다. PRO는 Professional의 줄임말로 자신이 맡은 일의 전문가로 지식과 기술을 가지고 일에 임하는 사람을 의미합니다. 프로스포츠 선수와 구단의 문화를 추구하는 기업들이 이런 호칭을 주로 사용하는데, 성과와 실력에 따른 보상과 직책이 부여되는 곳이 많습니다. 즉, 성과와 전문성 중심의 문화를 가지고 있는 곳이 바로 프로라는 호칭을 사용하는 것이죠.

과거와는 달리 최근에는 직급과 호칭이 파괴되면서 연공이 아닌, 실력 중심으로 과업 수행이 바뀌게 되었습니다. 심할 경우 2~3년 차 신입사원이 프로젝트의 팀장이 되고, 10년 차 선배가 팀원으로 들어가는 경우들이 비일비재합니다. 제가 근무했던 대기업에서는 이미 7~8년 전부터 능력주의 문화가 있어서 대리 리더 밑에 차부장을 배치하기도 했었는데, 회사로서는 적응 기간이 좀 많이 필요하더라고요.

# 2
# 신입사원을 위한
# 비즈니스 에티켓

"비즈니스 에티켓을 알면 50%는 먹고 들어갑니다." 회사에서 임원이나 팀장급 리더들과 대화할 때 자주 듣는 이야기입니다. 어릴 적 "인사만 잘해도 사랑 많이 받을 거야."라고 말하는 것과 같은 이치이죠. 왜 직장에서는 비즈니스 에티켓을 중요하게 여길까요? 이유는 혼자서 일을 A~Z까지 할 수 없다는 부분 때문일 겁니다. 하지만, 비즈니스 에티켓은 기업마다 다릅니다. 아니 팀마다 다르기도 하죠. A기업에서는 '후배 사원이 먼저 선배 사원에게 인사를 해야 한다.'고 하지만 B기업에서는 '먼저 본 사람이 인사를 한다. 심지어 그 사람이 CEO일지라도.'라고 말하기도 합니다. 또 C기업에서는 '인사를 안 해도 된다. 우리는 관계보다 일만 잘하면 된다.'라고 말하기도 합니다. 심지어 이런 문화의 차이는 팀에 따라 다르기도 합니다. 그럼 어떤 회사와 팀의 문화가 정답일까요? 조직문화에 정답은 없습니다. 그저 나와 잘 맞는 문화인가(Fit) 잘 맞지 않는 문화인가(non Fit)를 구분하고 내가 적응할 것인지 떠날 것인지 결정하면 되는 것이죠.

신입사원에게 입사하자마자 바로 성과를 기대하는 조직은 거의 없습니다. 이제부터 일하는 방식을 배우고 훈련하면서 익숙해질 때까지 시행착오를 거쳐야 하기 때문이죠. 시간이 흘러 업무가 익숙해지면 그때부터 신입사원도 혼자서 성과를 만들어 내기 시작하고, 팀의 목표에 영향을 줄 수 있게 됩니다. 그전까지 리더와 선배는 태도Attitude를 보며 신입사원을 평가합니다. 그래서 회사에서 신입사원이 입사하게 되면 가장 관심을 가지며 교육을 시키는 부분이 바로 비즈니스 에티켓이죠. 그런데 비즈니스 에티켓이 중요한 이유가 하나 더 있습니다. 바로 신입사원 때 배운 태도가 '미래의 나에게 영향을 주는 습관'이 된다는 것이죠. 그래서 이 행동들을 초기에 잘 학습하고, 습관으로 바꾸는 시간이 필요합니다. 그럼 비즈니스 인으로서 알아야 할 에티켓을 살펴보겠습니다.

## 존칭 사용법

가장 먼저 익혀야 할 것은 바로 존칭 사용입니다. 회사마다 모두가 님이라고 부르며 동등한 호칭을 사용하는 조직도 있지만, 아직 우리나라에서는 리더나 선배에게 존칭을 사용하는 조직이 더 많습니다. 그런데 일을 할 때나 보고할 때, 또는 회의를 할 때 자주 하는 실수가 있습니다. 바로 존칭 사용법인데요. "홍길동 팀장님께서 진행하셨습니다."라는 말은 존칭을 사용한 문장입니다. 그런데 이 존칭이 잘못되었을 수도 있다는 것을 알면 도움이 되겠죠? 만약 CEO와 대화하고 있는데, 팀장에 대해서 이야기를 해야 한다면 어떻게 할까요? 이때는 "홍길동 팀장이 진행했습니다."라고 표현해 주는 것이 맞습니다. 이유는 내 이야기를 듣는 CEO가 내 말의 주인공인 팀장보다 더 높은 사람이기 때문입니다. 즉, 청자가 내용의 주인공보다 직급이나 직책이 높다면 내용에서는 존칭을 빼야 하는 것이죠.

또 하나의 예를 들어보겠습니다. 많은 사람들 앞에서 승진 소감을 발표하고 있는 상황에서 "이순신 팀장님과 홍길동 대리님의 도움 덕택에…"라고 말하려고 합니다. 과연 맞을까요? 이때도 청자가 누구인지가 중요합니다. 만약 이순신 팀장이 가장 높은 사람이라면 '이순신 팀장님과 홍길동 대리의 도움 덕택에…'라고 표현하는 것이 맞습니다. 홍 대리보다 이 팀장이 더 높은 사람이기 때문이죠. 그런데 만약 나의 소감을 듣는 청자 중에 팀장보다 더 높은 임원이 있다면 어떻게 해야 할까요? 이때는 '이순신 팀장과 홍길동 대리의 도움 덕택에…'라고 하는 것이 맞습니다, 모두를 낮춰서 이야기해야 하는 것이죠.

## 사무실에서 전화를 받을 때

사무실에서 일을 할 때 외부 전화가 오는 경우가 있습니다. 이때 기본적으로 빨리 전화를 받는 것이 좋습니다. 과거에는 벨이 3번 울리기 전에 받으라는 기준이 있기도 했지만, 요즘에는 그저 가능한 한 빨리 받으라는 기준을 제시하기도 하더라고요. 이유는 전화를 거는 대부분의 사람들은 우리의 고객이거나 협력업체이기 때문이죠. 전화 받는 간략한 방법은 다음과 같습니다.

> 1) 전화벨이 울리면 최대한 빨리 받습니다.
>    '3번 울리기 전에 받는다.'처럼 나만의 기준을 세워 두는 것도 좋습니다.
> 2) 먼저 자신을 정확하게 소개합니다.
>    "안녕하세요. ○○브랜드 기획팀 김군자 사원입니다."

나의 첫 커리어 브랜딩

3) 정중하게 상대방의 용무와 신분을 확인합니다.

"실례지만, 어떤 일로 전화 주셨을까요? 누구시라고 전해드리면 될까요?"

4) 전화를 받기 전 메모할 수 있는 도구를 미리 준비, 메모하며 통화합니다. 통화를 마치기 전, 메모한 내용을 다시 상대방에게 확인합니다.

"○○○으로 박 부장님께 전해드리면 될까요?", "제가 내일 오전 12시까지 ○○에 대해서 회신드리면 될까요?"

5) 통화를 마칠 때 상대방이 먼저 끊은 이후 전화기를 내려놓습니다.

특히, 외부에서 전화가 걸려왔을 때 내가 소통하기보다는 주변 동료나 팀장에게 메시지를 전해야 할 때가 있습니다. 이때는 아래 5가지 사항을 기록해서 전달하면 전달받는 팀장과 동료가 전화 내용을 구체적으로 파악하고, 팔로업을 할 수 있습니다. 전달받는 사람 관점에서 구체적으로 기록해서 전달해 보세요.

**예시**

| 회사, 이름, 직급/직책 | 그로플, 백종화 코치 |
| --- | --- |
| 용무 | 상반기 학습계획 공유 |
| 전달할 내용, 전달받는 사람 | 상반기 학습계획을 홍길동 차장님께 메일로 드렸으니 확인하시고, 30일까지 회신을 부탁드린다. |
| 특이 사항 | 참고자료로 확인하실 책은 28일에 도착한다고 함 |
| 전화 통화 시간 | 25일 오후 2시 |

참 많은 선배들이 "제발 자기 전화가 아니더라도 주인 없는 전화가 울리면 받아줬으면 좋겠다."는 부탁을 자주 합니다. 같은 고객 그리고 같은 팀을 위해서 말이죠.

## 리더나 선배에게 전화할 때

전화는 비즈니스 소통에서 이메일, 메신저와 함께 가장 중요한 3가지 도구 중 하나입니다. 그래서 이 3가지의 소통 에티켓을 기억하고 사용할 수 있도록 연습하는 것이 필요하죠. 만약 나의 리더나 동료, 또는 외부 협력업체에 전화를 해야 할 때는 어떤 에티켓이 필요할까요? 소통에서 가장 중요한 것은 내가 전달하고자 하는 메시지를 적절한 시간에 적합한 사람에게 구체적으로 전달하는 것입니다. 그래서 나름 준비와 단계가 필요하죠. 익숙해지기 전까지라면 아래 단계들을 통해서 전화하는 에티켓을 한번 길러 보길 추천합니다.

### 1) 사전 준비: 전화를 걸기 전에 통화 내용을 간단히 메모합니다.

이때 가장 좋은 도구는 5W 1로 기록하는 것입니다. (5W: When 언제, Who 누가, Where 어디서, What 무엇을, How 어떻게, Why 왜)

**2) 인사: 먼저 상대방에게 자신을 밝힙니다.**

"안녕하십니까? ○○팀 ○○님 맞으실까요? ○○브랜드 상품 기획 홍길동 주임입니다. A브랜드 제품 생산 관련해서 소통하려고 하는데, 잠시 통화 가능하실지요?"

**3) 의사전달 또는 보고: 미리 정리한 내용을 짧고 명확하게 전달합니다.**

"지난번 A 관련 소통했던 내용 중에 기간을 1주일 정도 앞당길 수 있을지 여쭤보려고 전화드렸습니다. 일정이 빠듯하긴 하지만, 경쟁사 상황과 고객 피드백을 받아 보니 조금 더 빠르게 일정을 잡는 것이 좋을 것 같다는 내부 의견이 있어서요."

**4) 부재 시: 용건을 간단하게 메시지로 남겨 놓습니다.**

"○○ 건으로 전화드렸는데, 연결이 되지 않아 문자 드립니다. '의사 전달' 후 통화 가능하실 때 문자 주시면 전화드리겠습니다."

"혹시 ○○ 부장님 돌아오시면 A 회사, 상품기획 홍길동 주임에게 일정 변경 건으로 전화 왔었다고 메시지 전해주실 수 있을까요?"

**5) 끝인사: 상대방이 전화를 끊은 후에 수화기를 내려놓습니다.**

일반적으로 전화를 건 쪽에서 "먼저 끊겠습니다."라고 표현하고 먼저 전화를 끊습니다. 단, 상대방이 윗사람이거나 고객인 경우 상대방이 끊은 후 수화기를 내려놓습니다.

## 메일을 쓸 때

두 번째로 중요한 소통 도구인 이메일입니다. 이메일은 첨부 자료를 통해 소통하기도 하고, 한 번에 많은 사람들과 소통할 수 있는 장점이 있고 소통의 히스토리가 남기 때문에 직장인들이 가장 자주 사용합니다. 그래서 업무 시간에는 알람을 맞춰 두기도 하고, 수시로 업무 관련한 메일이 왔는지 체크하는 습관도 필요하죠. 중요한 의사소통을 놓치면 업무에 차질이 생기기 때문입니다.

### 1) 받는 사람 선정하기

우선 가장 중요한 포인트는 받는 사람을 누구로 선정할 것인가입니다. 메일에는 크게 받는 사람(to), 참조(cc), 숨은 참조(bcc)가 있습니다.

### ① 받는 사람(to)

메일 내용에 대한 정보 확인, 업무 협조 또는 의사결정이 필요한 사람을 의미합니다. 받는 사람은 필요시 답변을 보내야 하는

나의 첫 커리어 브랜딩

사람이기도 하고, 반드시 업무 내용을 확인하고 있어야 하는 사람입니다. 이때 직책이 높은 사람부터 적고 관련 없는 인원은 적지 않도록 합니다. 나와 관련이 없는데 to 리스트에 내 이름이 들어가 있으면 그 또한 상대방에게는 공해가 되거든요.

### ② 참조(cc)

의사결정에 개입하지 않는 사람에 해당합니다. 하지만 "당신이 이메일과 관련해서 직접적으로 해줄 부분은 없지만 일의 진행을 알고 있어야 하기 때문에 공유합니다."라는 의미이죠.

### ③ 숨은 참조(bcc)

다른 사람이 모르게 참조를 추가하는 것입니다. Bcc를 받은 사람이 누구인지는 to와 cc의 사람은 모르고 메일을 보낸 사람과 bcc로 받은 사람만 알고 있게 되거든요. 그래서 to나 cc로 메일을 받은 사람이 모두에게 답장을 보낼 때도 bcc에 해당하는 사람은 메일을 받지 못하게 됩니다. Bcc는 "당신에게 내용을 알려주고 싶어요. 하지만 당신에게 이야기했다는 것을 다른 사람에게 알리고 싶진 않아요."라는 의미입니다.

### 2) 제목 쓰기

제목은 수신인이 내용을 짐작할 수 있도록 구체적으로 써야 합니다. 예를 들면 "제목: ○○브랜드 상품기획 1차 미팅 결과 (2023년 10월 25일) 보고드립니다."와 같이 기록해 두면 메일을 받는 사람들은 이 메일을 언제까지 읽어 봐야 하는지 알 수 있겠죠. 대신 중요한 의사결정이 필요한 메일이라면 제목에 "26일 오전 12시까지 의견 요청드립니다."라고 추가로 기록해 두는 것이 좋습니다. 제목만 봐도 어떤 내용이 담겨 있는지 메일을 받는 사람 입장에서 인지할 수 있어야 합니다.

또한 이메일을 여러 번 주고받는 경우, 제목을 지속적으로 업데이트해야 합니다. 예를 들면 "제목: 2차 회의 결과(2023년 10월 31일)입니다. (RE) ○○브랜드 상품기획 1차 미팅 결과 (2023년 10월 25일) 보고드립니다."처럼 말이죠.

### 3) 본문 쓰기

본문은 메일을 받는 사람에게 내가 전하고자 하는 메시지를 전하는 것이 핵심입니다. 그렇다면 가장 중요한 것은 무엇일까요? 바로 읽는 사람 관점에서 그가 듣고 싶은 내용, 꼭 알아야 하는 내용이 올바르게 전달되는 것입니다. 그래서 메일을 쓸 때 '받는 사람' 관점에서 쓰라고 권유합니다. 주제에 따라 조금 다르겠지만 7가지 관점에서 정리해볼 수 있습니다.

## ① 인사

메일을 읽는 사람을 호칭해 주는 것입니다. 한 명일 때도 있고, 복수일 때도 있는데요. 이때는 cc, bcc는 빼고 메일을 받는 사람에 표기된 인원들을 표현하면 됩니다.

- 한 명일 때: **"홍길동 팀장님, 안녕하세요."**
- 복수일 때: **"인사팀 여러분, 안녕하세요."**

이때 **"즐거운 수요일입니다."** 처럼 가벼운 문장을 넣는 것도 좋습니다.

## ② 소개

메일 보내는 사람을 간략하게 소개하는 것입니다. 소개는 메일로 처음 인사를 할 경우와 이미 안면이 있는 경우로 나눌 수 있습니다.

- 처음 인사할 때: **"저는 함께하는 개인과 조직을 돕는 리더십 코칭 기업 그로플 백종화 대표입니다. 먼저 메일로 인사를 드리게 되었네요."**
- 안면이 있는 경우: **"그로플 백종화 코치입니다."**

### ③ 목적/이유

메일을 쓴 목적과 이유를 간략하게 설명합니다. 처음부터 목적과 이유를 설명하는 이유는 메일을 읽을 때 어떤 관점에서 봐야 하는지 초점을 잡아주기 때문입니다. 만약 목적이 초기에 표현되지 않으면 읽는 사람 관점에서 메일을 보내는 사람의 목적이 사라지게 될 수도 있기 때문이죠.

"메일 드린 이유는, 지난 화요일 전화 통화로 말씀 주신 상반기 교육 제안서를 공유드리기 위함입니다."

### ④ 본문 / 맥락과 스토리

본문에서는 내가 전달하려고 하는 내용이 명확하게 전달되어야 합니다. 이때 중요한 점은 메일을 받는 사람이 필요로 하는 것, 그가 궁금해하는 부분이 메일에 포함되어야 한다는 것이죠.

"통화할 때 '신임 팀장 교육 2day, 코칭 기반으로 워크숍과 리더십에 대한 정의를 함께 내리는 것'이 필요할 것 같다고 의견 주셔서 그 내용을 포함한 2가지 학습 제안을 넣었습니다. 추가로 신입사원 비즈니스 에티켓의 경우도 실습과 이론에 대해 학습하는 형태로 1day 제안서를 넣었습니다."

### ⑤ 요청 사항

이 부분에서는 메일 받는 사람에게 기대하는 행동을 기록하면 좋습니다. 의사결정, 회신, 미팅 등이 이에 포함되는 부분입니다.

"내용을 보시고 다음 주 30일까지 의견을 보내주시면 반영해서 31일까지 수정안을 공유드릴 수 있을 것 같습니다. 만약 내용을 보시다가 추가 설명이나 궁금하신 부분이 있다면 편하게 메일이나 전화로 연락주셔도 됩니다."

### ⑥ 첨부파일

어떤 첨부파일이 포함되었는지를 확인합니다. 그런데 메일을 보낼 때 가장 많이 하는 실수가 바로 첨부파일을 놓치는 것입니다. 마지막까지 한 번 더 확인해보면 좋습니다.

pdf 파일 1. 리더십 제안서 2개,

pdf 파일 2. 신입사원 비즈니스 에티켓 제안서

### ⑦ 맺음 인사

맺음 인사는 간단하게 기록해 보세요.

"오늘도 즐거운 하루 되실 겁니다. 감사합니다."

참고로 메일을 쓸 때 자신의 연락처나 명함을 미리 디폴트로 첨부하면 받는 사람이 편하게 문의할 수도 있습니다.

## 차량을 함께 탑승할 때

일을 하다 보면 함께 외근이나 출장을 가는 경우가 자주 있습니다. 회사의 문화에 따라 다르지만 조직문화가 수직적이거나 위계를 중요하게 생각할 경우 차량 탑승 위치도 중요하게 여깁니다. 어른이 먼저 식사를 하는 식사 예절과 비슷한 개념으로 보면 좋겠습니다. 가장 쉬운 방법은 미리 어디에 타는 것이 편한지 물어보는 것입니다.

가장 기본적인 것은 내 리더가 먼저 탑승하고 나서 내가 타야 한다는 것이죠. 이때 누가 운전을 하는가에 따라 상석이 달라집니다. 다음 그림과 같이 함께 이동하는 동료들 중에 가장 높은 상사가 운전을 할 때와 그 외 사람들이 운전을 할 때 각각 다른 위치가 있다는 것만 기억하면 좋겠습니다. 요즘에는 좌석에 대해서는 크게 개의치 않는 조직도 많습니다.

**[ 사례 ] 차량 탑승할 때 상석은?**

▶ **고속 철도/항공기에서**

- 고속철도나 전철 등은 진행 방향의 창 쪽이 상석이다.
- 자리가 세 개가 나란히 있을 때는 직위가 낮은 사람이 가운데 자리에 앉는다.

▶ **승용차에서**

| [운전자가 상사일 경우] | [운전자가 부하일 경우] | [지프차의 경우] |
|---|---|---|
| 상사 ① ④ ② ③ | 부하 ④ ③ ② ① | 부하 ① ④ ② ③ |

## 명함을 주고받는 방법

이제 여러분들은 수많은 사람들을 만나게 됩니다. 협력업체 사람, 구청이나 시청의 정부 기관 사람들 또는 나와 함께 협업을 하는 사람들처럼 수많은 사람들을 만나게 됩니다. 이때 나를 알리는 가장 기본적인 도구가 바로 명함입니다. 명함에는 나의 이름, 소속, 회사 그리고 전화번호와 이메일 연락처가 담겨 있죠. 이 명함은 나를 알려주는 브랜딩 도구입니다. 그래서 언제, 어디서나 누구를 만나든 명함을 전할 수 있도록 준비해야 합니다.

명함 케이스를 하나 준비하는 것도 '내가 명함을 대하는 자세'를 보여주는 중요한 브랜딩 요소이고, 지갑이나 바인더 안쪽에도 여분의 명함을 넣어 두는 것도 추천합니다. 미팅을 할 때 간혹 명함 케이스를 놓고 만나는 경우도 있기 때문입니다. 저 또한 간혹 명함이 부족해지거나 놓고 오는 경우도 있는데 이때는 "죄송합니다. 제가 오늘 명함을 모두 사용했습니다." 또는 "제가 급하게 나오느라 명함을 놓고 왔습니다."라고 말하고 "미팅 끝나고 제 명함을 연락처로 공유드려도 될까요?"라고 물어보는 것이 좋습니다. 명함을 주고받을 때도 글로벌 에티켓이 있습니다. 10 단계가 있으니 미팅 때 한번 행동으로 옮겨 보길 추천합니다.

1) 명함은 방문자 또는 직급이나 직책이 낮은 사람이 먼저 내민다.
2) 내 명함은 직위가 위인 사람에게부터 순서대로 건넨다.
 - 팀장이 함께 미팅을 하고 있다면 팀장이 먼저 명함을 공유하고 이어서 내가 공유한다.
3) 명함은 상대방이 읽기 좋은 방향으로 건넨다.
 - 읽는 사람이 글자를 바로 읽을 수 있도록 받는 사람 시점에서 전달한다.
4) 동시에 교환할 때는 왼손으로 주고 오른손으로 받는다.
 - 상대방이 받기 편한 방향으로 건넨다.
5) 명함 교환은 일어서서 한다.

나의 첫 커리어 브랜딩

6) 명함을 건넬 때는 또박또박 자신의 이름을 말한다.

- "안녕하세요. ○○팀 홍길동 선임입니다."

7) 자신 & 상대방의 명함 보관을 소중하게 한다.

8) 미팅 시 좌측 상단에 앉은 순서대로 명함을 놓는다.

- 명함을 보며 이름이나 직책을 기억하기 위해서다.

9) 명함 뒤쪽에 만난 시간, 장소, 이유 등을 적는다.

- 미팅 후에 기록하는 이유는 명함은 상대방의 얼굴인데, 그 앞에서 메모하는 것은 낙서를 하는 것과 비슷하게 오해할 수도 있기 때문이다.

10) 즉시 리멤버 등 앱에 등록한다.

- 미팅 후에는 "○○한 시간이 되었습니다. 시간 내주셔서 감사드립니다."라고 감사 표현을 한다.

## 출근과 퇴근할 때

출근과 퇴근할 때의 에티켓은 조직문화에 따라 너무 큰 차이가 있습니다. 스타트업처럼 조금 더 수평적 조직을 지향하거나 출퇴근 시간이 유동적인 기업의 경우에는 특별한 인사나 행동이 필요 없기도 합니다. 저 또한 대기업에 다닐 때와 스타트업에 다닐 때가 조금 달랐는데 특히 스타트업에서 일할 때는 조용히 옆자리 동료들에게만 "안녕하세요. 좋은 아침이에요.", "저 먼저 들어갈

게요."라고 인사하고 출퇴근을 했었습니다. 요즘은 이렇게 캐주얼하게 인사하고 쿨하게 업무를 시작하는 문화를 가진 기업들이 많이 늘어나고 있습니다. 조직의 문화에 맞춰서 내 행동을 점검해 보길 추천합니다.

대기업에 다닐 때는 저보다 리더가 먼저 출근했을 경우 리더에게 가서 "팀장님(선배님) 안녕하십니까."라고 인사를 했었고, 리더가 늦게 출근했을 경우에는 제가 있던 자리에서 잠시 일어나 "안녕하십니까." 또는 간단한 목례를 했습니다. 리더가 먼저 퇴근할 때는 "팀장님 내일 뵙겠습니다."라고 인사를 했었습니다. 리더보다 제가 먼저 퇴근해야 할 때는 "팀장님 오늘 ○○은 마무리 지었고, 메일 드렸습니다. 혹시 더 필요하신 부분이 없으시면 먼저 퇴근하겠습니다."라고 오늘의 과업을 먼저 공유하고 퇴근했었습니다. 시간이 지나 경험이 쌓이고 나서는 "먼저 들어가겠습니다."라고만 인사를 했었습니다. 신입사원 때와 달라진 이유는 이미 제가 해야 할 과업을 어느 정도 알고 있고, 그 부분에 대해 책임질 수 있는 역량이 있었기 때문입니다. 내 과업에 대해 책임질 수 있는 수준이 되면 퇴근은 내가 결정할 수 있는 사안이 됩니다.

하지만 나에게 주어진 과업을 책임지지 못하는 상황이라면 (경험과 역량이 부족할 때) 팀의 다른 동료들에게 부정적 영향을 주게 되므로 '나에게 주어진 과업을 책임지고 한 것이 맞는지' 리더에게 확인받아야 합니다. 그런데 신입사원이 자주 하는 실수는 퇴근 직전에 확인받는 것입니다. 만약 퇴근 직전에 팀장님께 물어봤는데 수정사항이나 내가 놓친 부분이 있다면 어떻게 될까요? 나뿐만 아니라 팀장과 다른 동료들의 근무시간이 늘어날 수도 있습니다. 그래서 퇴근 전 내가 수정할 수 있는 여유시간을 가지고 먼저 팀장에게 오늘 과업의 중간보고를 하고, 미리 피드백을 받는 것이 좋습니다. 내 과업에 대한 책임은 내가 져야 하기 때문이죠.

참, 내가 먼저 퇴근할 때 금지어가 하나 있는데요. 바로 "수고하십시오."라는 인사입니다. 수고라는 단어를 사전에서 확인해 보면 '일을 하느라고 힘을 들이고 애를 씀'이라고 나옵니다. 즉 "수고하십시오."라는 인사는 "팀장님 고생 좀 더 하세요."라는 말이 되거든요. 우리가 익숙하게 사용하는 단어에서도 이렇게 피해야 할 단어가 있다는 것을 꼭 기억해 주셨으면 좋겠습니다.

**Do & Don't**

1) 퇴근 시간 전에 허둥대며 퇴근 준비를 해서는 안 된다. (가방 및 책상 정리, 화장 등) 가능한 한 근무시간이 끝난 시점에 퇴근을 위한 정리정돈을 해야 한다.

2) 당일 원칙을 지킨다. 그날의 일은 가급적 그날 끝내도록 하며 지시받은 업무를 끝내지 못했을 때는 사전에 보고한다.

3) 외출했다가 바로 퇴근할 때에는 사전에 보고하고 지시에 따른다.
  - "○○시 정도에 외부 일정이 끝날 것 같은데, 사무실로 들어가서 마무리할까요?"

4) 퇴근 전에 다음 날 해야 할 업무를 메모하여 점검해본다.
  - 오늘 놓친 일이 있는지? 오늘 미리 소통이나 준비해야 할 일이 있는지?

5) 책상과 의자를 정돈하고 사무용품, 비품, 서류 등은 지정된 장소에 위치하게 한다.
  - 보안 서류는 반드시 시건장치가 되어 있는 곳에 보관한다.

6) 전등, 냉난방 장치, 환기장치 등이 꺼졌는지 확인하고 창문, 출입문을 단속한다.

나의 첫 커리어 브랜딩

# 갑자기 지각을 하게 됐을 때

신입사원 때 한 번쯤은 지각하는 꿈을 꾸는 것은 모든 직장인들의 직업병이라고 생각합니다. 저 또한 중요한 미팅이 있거나 강의가 있을 때 지각하는 꿈을 아직도 꾸고 있으니까요. 그래서 지금은 이른 아침 먼 곳에서 강의가 있으면 근처 호텔에서 숙박을 하곤 합니다. 스트레스를 받지 않고 내 체력을 보존하는 것이 전략적으로 더 도움이 된다고 생각하기 때문이죠. 그런데 오랜 시간 강의와 코칭을 하다 보니 2번 시간을 늦은 경우가 있었습니다. 한번은 제가 일정을 기록하지 않아서 잊고 있었고, 또 한번은 태풍 때문에 도로가 마비되었던 경우였죠. 50분이면 갈 수 있는 거리를 3시간이 걸려서야 도착했으니까요. 이때 제가 했었던 것은 시간이 늦을 것 같다고 예측한 바로 그 순간에 연락을 하는 것이었습니다. 가장 빠른 시간에 연락을 해야 담당자도 플랜 b를 준비할 수 있기 때문이죠. 그래서 한번은 강의 시간을 1시간 정도 늦춰서 진행했던 적도 있었습니다.

만약 아침에 눈을 떴는데, 출근 시간까지 10분밖에 남지 않았다면 어떻게 하시겠어요? 저라면 가장 빠르게 내 리더 또는 선배에게 전화를 하겠습니다. 그리고 솔직하게 지각 사유와 언제쯤 도착할지에 대해 이야기해야겠죠. "죄송합니다. 알람을 듣지 못했습니다. ○○시 정도에 도착할 것 같습니다."라고 말이죠. 만약 전화를 받지 않는다면 문자나 톡을 보내고 빠르게 출근 준비를 하는 것이 필요합니다. 중요한 것은 실수를 하는 것이 아니라, 실수 이후의 태도와 실수를 반복하지 않는 것이니까요.


## 소정 근로시간에 대한 이해

한번은 인터넷에서 출퇴근 시간에 대한 다양한 의견이 나왔습니다. 바로 9시 출근, 6시 퇴근이면 출입카드를 찍은 시간으로 봐야 하는가, 책상에 앉는 시간으로 봐야 하는가에 대한 논의였죠. 이 부분에 대한 제 생각은 이렇습니다.

우리는 근로계약서를 작성할 때 '소정 근로시간'이라는 단어를 사용해서 계약을 합니다. 소정 근로시간이란 사용자와 근로자가 법정 근로시간 범위 내에서 '합의'한 근로시간을 의미합니다. 보통은 근로기준법에서 정한 법정 근로시간을 준수하게 되는데요. (1일 8시간 1주 40시간) 1일 8시간이라는 의미는 점심 휴게 시간을 제외한 근로시간을 의미합니다. 그럼 한 가지 질문을 해 보겠습니다. 1층 게이트에서 카드를 찍었다는 것을 근로하고 있다고 볼 수 있을까요? 아니면 근로를 하기 위한 과정이라고 볼 수 있을까

나의 첫 커리어 브랜딩

요? 저는 근로를 시작하지 않은 상태라고 생각합니다. 퇴근도 마찬가지입니다. 근로를 하고 있다는 의미는 최소한 업무를 수행하는 공간에 있어야 한다는 의미인데, 제조업은 생산 라인에 있는 것이고, 사무직은 자신의 자리에 있는 것이라고 볼 수 있죠.

그래서 저는 근로계약서에 명시된 소정 근로시간을 준수한다는 관점에서 9시 책상에 위치하는 것과 6시에 책상을 떠나는 것을 제안합니다. 이 부분 또한 조직에 따라 다르게 해석하는 경우가 있습니다. 문화 때문이죠. 우선은 그 문화를 먼저 파악하는 것이 맞겠지만, 문화가 없다면 이런 기준을 가지고 내가 일하는 태도를 한번 점검했으면 좋겠습니다. 단, 한 가지 차이가 있는 부분은 바로 유니폼이나 분장과 같은 실근무를 하기 전 단계가 필요한 직무에서는 실근무 시간이 아닌, 근무 준비단계까지 근로시간으로 본다는 것입니다. 예를 들어, 호텔에서 근무를 하고 유니폼을 착장해야만 근무지에 투입이 가능한 상황이라면 유니폼을 착장하러 들어가는 순간부터 근무 시작이고, 업무가 끝나고 유니폼을 벗어버린 그 순간이 퇴근 시간이라고 볼 수 있다는 의미입니다.

## 1 ON 1 미팅 또는 회의할 때

비즈니스에서 가장 자주 반복해서 마주하는 상황이 리더와의 1 ON 1 시간과 회의입니다. 1 ON 1은 리더와 일대일로 대화를 나누는 시간인데 리더가 대화의 주제를 정하고 진행하기도 하지만, 팀원이 리더와 나누고 싶은 주제를 공유하고 대화를 나누기도 하죠. 만약 리더와 1 ON 1이 잡히게 된다면 먼저 "제가 어떤 것을 미리 준비하면 될까요?"라고 물어보면 좋습니다. 그리고 회의는 주간회의, 피드백, 프로젝트 미팅 등 다양하게 진행되기도 하는데 기본적으로 회의에 참석하는 구성원들에게 요구하는 태도가 있습니다.

### 1) 회의 목적을 이해한다.
- 배포된 자료나 메일은 사전에 읽어본다.
- 의제에 대한 의견, 견해를 간략하게라도 정리해 둔다.

### 2) 회의 시간을 엄수한다. (회의 시작 전에 미리 착석)
- 일시와 장소를 확인해 둔다.
- 만약 외부에서 회의가 진행될 경우 교통편을 확인해 둔다.
- 추가로 센스 있는 모습을 보이기 위해서는 "회의 전에 준비할 부분이 있을까요?"라고 먼저 확인하는 대화를 해보길 추천한다.

### 3) 기록한다.

- 회의 내용과 중요한 의사결정 사항을 정리한다.

- 오늘 회의 내용을 정리해서 참석자들에게 공유한다.

보통 회의 내용을 정리해서 공유하는 역할을 담당하는 인원이 있지만, 그 역할을 담당하는 사람이 없다면 직접 해 보는 것을 추천합니다. 회의를 기록하고, 재정리하는 연습을 하면 회의 시 나눴던 전체 큰 그림을 보게 되고, 각각의 사람들이 어떤 과업을 수행해야 하는지를 회의에 참석한 그 누구보다 더 알 수 있게 됩니다. 그래서 저는 회의록 만드는 역할을 맡지 않더라도 습관적으로 기록하고, 공유하는 습관을 갖기를 제안합니다.

### 4) 회의에 집중한다.

- 다른 사람의 의견을 끝까지 경청한다. (발표자를 바라보고, 기록한다)

- 자신의 의견을 구체적으로 말한다. (미리 메모해 놓고, 핵심에 대해 이야기한다.)

- 회의 시 부정적인 단어를 반복해서 사용하거나, 특정 인물을 가리켜 모욕하거나 비난해서는 안 된다.

# 맺는말

# 꼰대가 되더라도

이 책을 쓰고, 다시 읽으며 느낀 점은 '참 꼰대스럽다'였습니다. 꼰대가 되지 않기 위해 열심히 노력했는데 책에는 너무나도 꼰대스러운 글들을 적어 놨더라고요. 그런데 이 책에 기록한 모든 내용들은 '진심으로 여러분들이 성장했으면 좋겠다.'는 마음을 담은 글들입니다. 최근 한 기업의 2~3년 차 주니어 직원 전원을 만난 적이 있었습니다. 그들과 워크숍도 하고, 20여 명의 인원들은 따로 1 ON 1 코칭까지 하며 그들의 이야기를 접할 수 있었죠. 저는 '이분들이 어떤 질문을 할까?', '나와 어떤 대화를 하고 싶을까?'라는 호기심이 있었습니다. 그런데 막상 대화가 시작되고 보니 코치와 대화를 나누는 것이 아니라 솔직하고 편한 이야기를 나눠줄 수 있는 선배로 저를 대해주더라고요.

제가 받은 질문들은 이렇습니다. "제가 지금 잘하고 있는 걸까요? 뒤처지고 있는 건 아닌지 두려워요.", "저 대학원을 가고 싶은데 지금이 맞을까요?", "회사에서 더 잘하고 싶은데, 어떻게 해야 할지 모르겠어요.", "지금 하고 있는 일이 재미있기는 한데 전문가로 성장해야 할까요? 아니면 다른 직무를 경험하면서 성장하는 것이 맞을까요?", "저 어떻게 공부해야 해요?", "지금 일을 더 잘해서 성과 내려면 어떻게 해야 할까요?" 개인의 고민을 나누어 준 주니어들에게 저는 솔직하게 제 의견을 이야기했습니다. 그리고 "제 생각이 정답도 아니고, 정답이 될 수도 없더라고요. 대신 제가 오늘 대화에서 ○○님을 위해 할 수 있는 건 솔직하게 제 생각과 경험을 공유하는 것이고, ○○님이 이전과는 다른 생각을 할 수 있도록 돕는 것뿐이었어요."라고 이야기했습니다.

이 책의 내용이 정답이 될 수는 없습니다. 나에게 바로 적용되지 못할 수도 있고, 어쩌면 회사에서 말하는 내용과 다를 수도 있죠. 하지만, 이 책에 담긴 모든 내용이 전부 오답은 아닐 겁니다. 두 명의 저자 모두 비즈니스에서 나름의 성장과 성공을 거두고 있는 사람들이고, 저희들의 성과습관과 가치관들은 저희들을 더 성장시켜 줄 거라 믿고 있거든요. 이 책은 여러분들의 성장을 진심으로 생각하는 '회사 밖 선배'의 이야기입니다. 읽다가 나에게 필요한 부분이 있다면 그 부분을 어떻게 적용하고 실행할 수 있을까를 고민해 주신다면 이 책을 쓴 저희들의 목적은 달성되었다고 생각합니다.

꼭 지금 있는 회사와 부서 그리고 하고 있는 일에서 성공할 필요는 없습니다. 성공하지 않아도 나에게 큰일이 벌어지지는 않거든요. 하지만, 꼭 성장하셨으면 좋겠습니다. 조금이라도 다른 관점과 가치관을 가지고, 이전과는 다른 실력과 기술을 가지고, 이전보다 더 큰 영향력을 행사하는 사람으로 말이죠. 조금씩 성장하는 습관을 가질 때 여러분들은 5년, 10년 후에 아마 저희들보다 더 큰사람이 되어 있으실 거라 생각하거든요. 모두의 성장을 응원합니다.